特级教师研究书系
第二辑

以人为本奠基师生发展
——马芯兰人本教育思想研究

郝保伟/著

教育科学出版社
·北京·

丛书序

"特级教师"是国家为表彰特别优秀的中小学教师（含幼儿教师和中职教师）而设立的一种荣誉称号。在20世纪50年代中期，特级教师制度有了雏形。1956年，为解决中小学教师工资待遇低的问题，北京市进行了教育事业工资改革，评选出了一批中小学特级教师，提请当时的中央人民政府政务院审查批准，并在工资待遇方面给予这些特级教师以特别提升，截至1966年，北京市共评出了特级教师40余名。之后，评审活动由于"文化大革命"而停止。① "文化大革命"结束后，在1978年4月召开的全国教育工作会议上，邓小平同志指示："要研究教师首先是中小学教师的工资制度。要采取适当的措施，鼓励人们终身从事教育事业。特别优秀的教师，可以定为特级教师。"② 同年10月，教育部和原国家计委联合颁布了《关于评选特级教师的暂行规定》（以下简称《暂行规定》）。颁布《暂行规定》，是为了提高教师的政治地位和社会地位，增强教师的光荣感、责任感，使他们能长期坚守教育工作岗位，我国从此正式建立了特级教师评选制度。1993年1月10日，原国家教委对《暂行规定》进行了修订，颁布了《特级教师评选规定》（教人〔1993〕38号，以下简称《规定》）。在《规定》的第二条指出："'特级教师'是国家为了表彰特别优秀的中小学教师而特设的一种既具先进性，又有专业性的称号。特级教师应是师德的

---

① 《中国教育事典》编委会. 中国教育事典：初等教育卷［M］. 石家庄：河北教育出版社，1994：268.

② 邓小平. 在全国教育工作会议上的讲话［M］//邓小平. 邓小平文选：第二卷. 2版. 北京：人民出版社，1994：109.

表率、育人的模范、教学的专家。”由此，我国的特级教师制度日趋完善。

透过我国特级教师评选制度建立的历史沿革，我们可以看到，特级教师评选制度从最初为解决中小学教师待遇问题而仅限于北京市的“一种非制度性的评选活动”①，到作为一种全国性规范制度的正式建立、完善和进一步发展，至今已有50多年的历史。1978年改革开放以来，我国的政治、经济、文化、教育特别是师资水平都发生了巨大的变化，相应地，特级教师评选制度也得到了逐步的发展和完善。特级教师评选制度在全国各省市、自治区的实践表明：特级教师制度对调动教师积极性，提高教师社会地位，改善教师的待遇确实起到了积极作用；也让中小学教师中一批特别优秀的教师脱颖而出，成为进行教育教学改革实践、提高教育教学质量的领军人物。因此，“特级教师”往往被我国中小学教师视为其职业生涯的最高荣誉，也成为广大中小学教师所向往和追求的目标。

随着特级教师评选制度的建立与实施，特级教师研究已成为教育研究的一个新领域。30多年来，很多专家、学者以及特级教师本人都在积极探索特级教师成长的规律，总结特级教师的教育教学思想，对特级教师经验开展个案研究，探讨特级教师标准与特级教师评选制度等。这些研究对特级教师的经验作了许多概括，取得了显著的成效，也提出了不少具有实用价值的建议。但同时我们也看到，由于特级教师研究起步晚、关注度相对不高，其研究成果的水平和质量与人们的期待还有较大的差距。总体来说，特级教师研究还存在研究内容单一、研究方法简单、研究水平有限、研究视野较窄等问题，在研究的许多方面都有待深入探讨。

为了更好地总结北京市特级教师的成长规律，提炼特级教师先进的教育思想和教学理念，提升北京市中小学教师的专业发展水平，推动北京市中小学教师队伍建设，培养一批国内知名的中小学名师，造

---

① 王芳，蔡永红．我国特级教师制度与特级教师研究的回顾与反思［J］．教师教育研究，2005（6）：41－46.

就一批教育家，北京市教育委员会于2008年开始设立了“北京市特级教师推广计划”专项研究项目，委托北京教育科学研究院教师研究中心具体负责实施该项目。项目组精心组织了研究团队，成立了《特级教师研究书系》丛书编委会，并决定陆续出版该项目的特级教师研究成果。

项目组根据北京市教育委员会的要求，设计了统一的研究思路与研究方法，确定了研究的内容。项目组为每一位入选的特级教师组织成立了独立的子课题组，并确定了总访谈提纲，在总访谈提纲下，各个子课题组根据研究对象的特点适当调整具体的、富有操作性的访谈提纲。在研究方法上，项目组主要采用了生活史的研究方法。这种生活史的研究方法认为，教师过去所经历的一切生活内容，会慢慢发展成为足以支配教师日后思考与行为的“影响史”。在探讨特级教师的专业成长史时，项目组没有直接从普遍知识、专业技能角度出发去探寻特级教师成长、发展的普遍规律，而是从特级教师个人的生活史出发，将其作为研究与解读他们专业成长的重要视角；重视这些特级教师专业成长的个人生活根源，关注他们个人的经验、情绪、价值在成长中的重要作用。同时，项目组也结合了大量的第一手访谈资料以及特级教师本人的相关文本文献和视频资料等来进行研究。我们从国家对特级教师的界定和要求出发（即特级教师是师德的表率、育人的模范、教学的专家），将对特级教师的研究划分为四个维度：成长史、教育教学（管理）思想、师德和影响力。这四个维度构成了我们研究特级教师的主要内容。丛书中的每一本专著都是以上述四个方面的内容来呈现研究成果的。

我们衷心希望，项目组的研究成果能够从一个新的视角探寻特级教师成长的规律与机制，推动特级教师研究的不断深入，提升特级教师研究的质量；同时，我们也期待《特级教师研究书系》的出版，能对首都及全国广大中小学教师的专业成长具有一定的启发意义！

“北京市特级教师推广计划”项目组

2009年9月10日

目录

成长：从“白专”到“楷模”

一、单纯的童年和学习生活 …… 2
（一）与书为伴 …… 2
（二）纯洁的生活，简单的教育 …… 3
（三）小姑娘，大理想 …… 4
（四）优异的“师范生” …… 5
二、“白专”道路奠定发展的基础 …… 7
（一）走“白专”之路 …… 7
（二）好强的“小老师” …… 12
（三）“混乱”中的自我坚守 …… 13
三、走向教改之路 …… 15
（一）一堂好课，一个契机 …… 15
（二）让学生不怕考试 …… 15
（三）第一轮教学改革实验 …… 18
（四）第二轮教学改革实验 …… 20

（五）马芯兰教学改革的实践 …… 21
四、成为特级，扬名全国 …… 26

思想：以人为本的教育思想

一、师生发展是教育发展的根本 …… 30
（一）不让一个孩子掉队 …… 30
（二）让每一位教师获得最好的发展 …… 32
（三）学校管理充满人文关怀 …… 33
（四）大教育观 …… 34
二、数学是思维的体操 …… 37
（一）数学是人生的核心学科 …… 37
（二）能力比知识更重要 …… 38
（三）数学知识就像一棵树 …… 40
（四）以结构化、系统化的观念把握教材 …… 46
（五）小学数学教育改革的方向 …… 47
三、教学、教研、科研一体化 …… 48
（一）充分认识教研、科研活动的重要意义 …… 48
（二）教而不研则退，研而不教则废 …… 49
（三）充分发挥专家资源 …… 50
（四）将学习纳入科研的工作计划中 …… 51
（五）形式多样的教科研活动 …… 51
四、教师发展观 …… 54
（一）优秀教师的特征 …… 55
（二）培养教师的综合素质 …… 58
（三）共创良好工作心境 …… 59
（四）时代呼唤创新型教师 …… 60
（五）将师德作为师资建设的首位 …… 61
（六）朝阳区实验小学打造精良教师队伍的实践 …… 62

五、学生发展观 …… 65
（一）树立全人教育观 …… 65
（二）以学生发展为本 …… 66
（三）把学习还原为轻松快乐的事情 …… 68
（四）培养学生的综合素质 …… 71
（五）全员、全面、全程德育 …… 71
六、学校管理思想 …… 76
（一）明确的办学思想是灵魂 …… 76
（二）清晰的发展思路是方向 …… 78
（三）促进学生的全面发展是根本 …… 79
（四）加强教师队伍建设是关键 …… 81
（五）重视科研是学校持续发展的推动力 …… 82
（六）教育信息化为学校发展插上腾飞的翅膀 …… 84
（七）科学管理、人本管理与民主管理相结合 …… 86

师德：胸怀教育，传道授业

一、谦逊的人格魅力 …… 92
（一）心胸开阔，心态平和 …… 92
（二）锐意改革，勇于创新 …… 94
（三）纯洁简单，真诚坦率 …… 97
（四）胸有他人，心怀感恩 …… 98
二、执着教育写丹心 …… 100
（一）每天不进课堂，我心中不踏实 …… 100
（二）让研究成为一种工作方式 …… 102
（三）选择了一种事业，就是选择了一种生活 …… 103
三、教书育人——学生始终是第一位的 …… 104
（一）孩子是我的命根子 …… 104

（二）不让一个孩子掉队 …… 106
四、关注教师专业发展 …… 108
（一）手把手的指点 …… 108
（二）心与心的交流 …… 110
（三）全方位的关怀 …… 111

影响力：教师的楷模

一、“马芯兰教学法”的推广及影响 …… 114
（一）“马芯兰教学法”的推广实验 …… 114
（二）“马芯兰教学法”在全国的影响 …… 119
二、著书立说 …… 120
（一）开展研究，乐于革新 …… 120
（二）笔耕不辍，勤于思考 …… 122
三、桃李满园 …… 124
（一）吴正宪：马芯兰老师是我的第一位导师 …… 124
（二）陈立华：马老师是给我指路的恩师 …… 125
（三）魏淑娟：难忘师恩 …… 127
四、媒体宣传 …… 128
五、毕生心血打造两所名校 …… 130
（一）北京市朝阳区实验小学 …… 131
（二）北京市朝阳区星河实验小学 …… 132
六、来自家长的感谢信（摘选） …… 139

附　录

附录 1　马芯兰工作简历 …… 150
附录 2　马芯兰的主要科研成果 …… 151
附录 3　马芯兰科研成果获得的奖项 …… 153

附录 4　马芯兰获得的荣誉称号 …… 154
附录 5　马芯兰语录 …… 155
附录 6　研究马芯兰教育教学思想的学术文章及论著 …… 159
附录 7　相关媒体对马芯兰的专题报道 …… 161

成长：
从“白专”到“楷模”

一、单纯的童年和学习生活

（一）与书为伴

1946 年 12 月，马芯兰出生于一个知识分子家庭，她的诞生给这个家庭带来了无比的欢乐和幸福。马芯兰的父母都是高级知识分子，父亲在当年的辅仁大学教书，和郭沫若共同研究中国的甲骨文，做出了非凡的成就。母亲也非常有才华，琴棋书画样样精通。生长在这样一个书香门庭，从小耳濡目染，童年的马芯兰就和各种书籍结下了不解之缘。和其他的孩子不一样，当其他孩子的童年都在“疯玩”中度过时，年幼的马芯兰却经常在父母的书房或者自己的小房间里啃“大部头”书。家里的藏书比较丰富，古籍典本、人文社科、科学巨著等应有尽有。这些散发着思想光辉的经典之作成为马芯兰儿时的“玩伴”和精神食粮，给年幼的心灵注入了一道道清澈、深刻的思想之溪。

马芯兰具有很强的记忆力，不能说过目不忘，一本“大部头”书读下来，能记住个十之八九，且记得非常牢固。进入学校学习之后的马芯兰，学习方法也跟班上其他同学大为不同。上课时其他同学都在奋笔疾书，认真做笔记，恨不得把老师的每一句话、每一个词都记录下来，而马芯兰却不怎么记笔记。“记在脑子里才是自己的。”凭借着超强的记忆力，撕书成了她的一个“爱好”。“一本书里我搞不懂的就几页，剩下的都不要了。”马芯兰把已经学会的书本内容都撕掉，留下几页搞不懂的内容慢慢思索。这个“爱好”在老师和同学的眼中显得非常“酷”，让他们觉得“不可思议”，但却是马芯兰一个重要的学习方法——抓重点，化繁为简。现在看来，“马芯兰教学法”强调抓核心概念、构建知识网络的特点，与她学生时代的特殊学习方法是有一定关联的。

（二）纯洁的生活，简单的教育

知识分子家庭的生活总是比较简单，从家庭到单位，几乎就是两点一线的生活，读书、研究几乎占据了生活的大半时间。除这些之外，像社交、应酬之类的东西，确实比较鲜有。马芯兰的家庭也是如此，父母一心扑在工作和事业上，那份敬业，那份执着，深深地感染了年幼的马芯兰。

除了书籍之外，马芯兰童年时的小伙伴是比较少的。马芯兰所在的四合院共住着三户人家：一家是清华大学的教授，老先生是当年的桥梁专家，他的子女都在清华大学工作；另一家是在北京大学上班，是研究医学的专家；然后就是马芯兰的家庭了，父亲是辅仁大学的教授，研究甲骨文。

在20世纪50年代，知识分子的个性是比较突出的，知识分子和当时的其他社会群体相比有着鲜明的特点。这样的三个家庭都是名副其实的高知家庭、书香门第，“万般皆下品，唯有读书高”也就成了他们的共识，书籍是他们共同的精神伴侣。这三个家庭之间几乎没有交集，日常生活中也少有往来。虽然低头不见抬头见，但也就是点头打个招呼而已，和院子以外的街坊邻居更是谈不上往来了。同在一个大院子里的小伙伴们都是比较喜欢读书的，一起“疯玩”的机会不多，更不用提院子以外的孩子了。

这是一个充满书香、邻里关系非常简单的大院子，和电视中的“大杂院”是两个完全不同的世界。所以，马芯兰的童年一直生活在一种简单、纯洁的环境之中，这种简单的生活、教育环境，给马芯兰的性格带来重大影响。

马芯兰上初中的时候，有一次数学统考，她记得学生普遍都没有考出好成绩，因为有一道数学题难度特别高，几乎没有学生能够完整地做出来。而聪明的马芯兰却琢磨出了准确答案，直接把答案“10”写在试卷上，没写计算过程。结果马芯兰这次考了满分，全区唯一的一个满分。拿着获得100分的试卷，马芯兰找老师去了，她和老师说，自己只是琢磨出了答案，没写过程，这道题不能得满分，应该扣除一定的分数。

这件事情马芯兰记忆犹新，但她一直不明白老师为什么给她打了满分，是为了鼓励，还是其他原因？

“我这人就是生活在简单之中，因为小时候教育就是这样简单。家长不让跟周围外界人接触，除了院子里的孩子。所以，从来没跟外边的小孩接触过，上完学就回家。

家里的环境可以说是，彼此之间‘鸡犬之声相闻，老死不相往来’。教育的就是读书，万般皆下品，唯有读书高。

我们三家彼此之间都是读书，此外彼此之间来往不多，家庭教育就是比较封闭，就是让你读书。所以，从家到学校就是两点一线，从学校到单位也是两点一线，这是第一环境。”

（三）小姑娘，大理想

简单、纯洁的家庭教育和生活环境在马芯兰的性格形成中埋下了简单、执着、好强的种子。

“一就是一，二就是二，从不多想其他。

受的教育，就是很简单，人家说什么就是什么，不多怀疑，到现在也是这样，很认真。

上学的时候看电影，都是中国被外国侵略。所以，就是从那时候起就下定决心，中国要强大，这样就不会被别人欺负。几十年来，很多记者重复地问我这个问题，答案就这么简单。要说我的理想有多高多大，还真没有，就是说中国要富强起来，人家就不欺负你了。那怎么富强啊？就是中国人把自己的事儿办好了，每个人把自己的事情都办好了，中国人就富强起来了，就这么一个很简单的道理。”

马芯兰带着这种简单的思想和道理认真读书，刻苦学习，深入钻研，跨过学生时代，步入工作岗位。

（四）优异的“师范生”

1964年，马芯兰顺利考入了北京第二师范学校，开始了三年的师范学习。

1. 爱动脑筋，爱钻研

马芯兰有自己独特的学习方法。她认为记在本子上的东西不是自己的，要往脑子里记，要注重对知识的理解。遇到难题，她喜欢与同学辩论，畅抒己见。她参加数学兴趣小组，更是不放过每一个难点。她爱动脑筋，勤于钻研，勇于探索，常常想出新的解题方法，有时连老师也没想到。征服了一个个难题后，她是那么高兴。有一次，考试中有一道题不会，她考完就去找老师请教，老师开玩笑地说：“考完了你还问？”马芯兰说：“虽然考完了，但题目不会，还是问题，我要把它弄明白。”老师赞许地连连点头，并给她做了详细讲解。

学校中学生刻苦学习的风气深深地感染着马芯兰。读师范二年级时，她曾因病休学一个多学期，要升三年级了，是参加考试，还是重读？她勇敢地选择了前者。她克服重重困难，在老师的帮助下，拼命补习功课，最终不仅顺利地通过了考试，有些科目还考了八九十分。

2. 特殊的学习方法

马芯兰有一个特殊的学习方法——撕书。一本书中，马芯兰将已经学会、保存在大脑中的知识内容全部撕掉，留下难点和不会的内容。而且马芯兰不爱做笔记、做记录，认为记录的东西还得翻看复习，就不如直接记在大脑中，省得麻烦。马芯兰做笔记也是有选择的，选择重点、难点、自己不会的记录下来，而不是像其他同学完完整整、一字不差地全部记录下来。

马芯兰还有一个比较特殊的地方，就是不爱背重的书包。她认为把有些书和材料都背着对学习也没多大作用，不如直接背最重要的学习材料。所以，厚厚的一本化学书，马芯兰只把她认为有用的十来页扯了下来，放在书包里，其他的都扔掉了。“有用的我扯出来几页，其他的就扔了，没用了，我用脑子记着，落不下就落不下，落下了就落下了，这才是我自己的。”

3. 老师的好帮手

马芯兰是物理课代表，她努力做好自己的工作。每次上实验课，她都提前到实验室，准备好实验材料和用具，教物理的夏老师夸赞道：“这事交给她真放心。”毕业考试时，物理口试是较难的一关，要当场抽题当场回答，同学们很紧张。作为课代表，她开动脑筋，精心安排，先是帮助有困难的同学复习功课，又在考前的晚上，与同学谈心，帮助同学消除紧张心理。考试当天，她组织得井然有序。她第一个抽题考试，接着安排功课好的同学先考，让有困难的同学稳定情绪，前面同学考得比较好，使后面的同学增强了信心，最后全班同学对毕业成绩都很满意，大家高兴地说：“我们的物理课代表真好。”

4. 乐于关心帮助同学

马芯兰功课学得好，却从不炫耀自己，而且乐于帮助同学。她对解析几何十分感兴趣，学得也好。由于老师讲得比较快，有些同学听不懂，作业不会，想抄别人的，她就耐心地给同学补习功课，直到同学明白了，能独立完成作业了，她才满意地走开。在生活上，她也十分关心同学。天冷时，远郊县的同学回家，她就把自己的大衣借给她们穿。

5. 汲取知识的营养

学校的爱国主义教育深深地打动了马芯兰，她常想，爱祖国就得好好学习，中国不能让人欺负，有知识、有本领才能为国效力。这一信念一直是她努力学习和勤奋工作的力量源泉。

在学校教学楼二层西侧的墙上写着“知识就是力量”、“时间就像海绵里的水”等醒目的红色大字，马芯兰不仅把它熟记于心，更是努力付诸于行。为了求得知识，她孜孜不倦地学习，她的功课一直很好，是学校里的好学生。她课余时间就去图书馆，拓宽知识面，丰富自我。

1966年，马芯兰以优异的成绩、优秀的品格完成了师范的学业。三年的师范生活给她留下了深刻的印象。“二师”有一支高素质的教师队伍，他们的人格品位、敬业精神、业务水平都为学生所敬佩。回忆起这些恩师，马芯兰深情地说：“这些老师是用精神去教育学生，这是师生的真情，以情育人必然能培育出好的人才。我在教学中，也是用情感去教，发自内心地去教，这些都得益于我的老师。”

三年的师范学习和生活，为她日后的工作发展在知识、能力、思想品德等各方面奠定了坚实的基础。

二、“白专”道路奠定发展的基础

1966年7月，马芯兰三年师范生活结束，被分配到了北京市朝阳区幸福村第一小学，成为一名普通的小学教师，开始了教师生涯。

马芯兰教师生涯的开始，恰逢“文化大革命”爆发，风起云涌，十年浩劫，广大教师备受摧残，教育事业急速倒退。马芯兰第一个十年的教师职业生涯也受到了较大的影响。

（一）走“白专”之路

1966年7月是马芯兰教师生涯的起点，20岁的她成为朝阳区幸福村第一小学的一名教师。恰逢“文化大革命”爆发，整个社会环境和教育环境让马芯兰颇为失望。“知识越多越反动”、“读书无用”成了人们的共识，学生无心读书，把精力都花在了无意义的“斗争”和“打、砸、抢”上。

大环境尚且如此，一个刚出校门的年轻人又能有何作为？而事实证明，马芯兰并未随波逐流，她固守着自己的想法——每个人应该把自己的工作做好，我是老师，把孩子教好是我的职责。这个再简单不过的思想让马芯兰保持着正常的工作状态：大量阅读、备课、讲课、家访、为学生补课……

1. 固守教师工作

初为人师的马芯兰对自己教师的身份非常看重，认为教师肩负着培养祖国下一代的光荣使命，是太阳底下最光辉的职业。所以，马芯兰一心想站好三尺讲台，把书教好，把学生培养好。然而，“文化大革命”中混乱的教育现状、失序的学校环境，和马芯兰的愿望形成了巨大的反差。但是，年轻的马芯兰心中始终有一个简单而执着的想法：“你干什么就得吆喝什么，干什么就得把什么事儿干好，努力做好。所以呢，社会上无论什么‘打、砸、抢’也好，‘批斗’也好，这些东西一律都不入脑子，因为我是老师，我就应该把我的学生教好。”

2. 给学生讲故事

当时，班里的语文和数学两个学科都由她来负责。学生的学习兴趣很低，“身在曹营心在汉”，虽然人在教室里，但心思都不在学习、读书上，而是在校外轰轰烈烈的“运动”上，所以学习效率特别差，根本谈不上学习成绩。马芯兰将这一幕幕看在眼中，急在心头。用什么样的办法能将学生的心思吸引到教室里，使其投入学习中呢？

马芯兰忽然想起了自己小时候听父母讲故事的情景，当时自己不也是听得津津有味、非常投入的吗？而且从故事中学到了很多书本上没有的知识和做人的道理。能否将书本上的知识编成故事讲给学生听，让学生在听故事的过程中掌握知识呢？

于是，马芯兰开始尝试将课文内容编成一个一个的小故事，将知识融汇其中，在课堂上讲给学生听，如《地道战》《钢铁是怎样炼成的》以及许多中国人创造发明的故事等。学生一听马老师要讲故事，兴趣就来了，一个个聚精会神地盯着马芯兰。马芯兰以动听的嗓音、抑扬顿挫的语调，将独创的小故事向学生娓娓道来。由于特殊的年代，政治是第一位的，马芯兰少不了讲一些忆苦思甜的革命内容，这些本来枯燥单调的内容，却成了学生的精神大餐，甚至常常被故事感动得眼泪涟涟。在数学课上，马芯兰以讲故事作为激励学生的手段，讲一会儿故事，讲一会儿数学知识，如此交替着进行，她的课堂呈现出了鲜明的特色。马芯兰以讲故事的方法，将学生的身心吸引到了课堂上，她所带的班级出现了少有的井然秩序，学生越来越喜欢上课，学习效率节节提高，学习成绩直线上升。通过“讲故事”的教学方法，马芯兰也渐渐感悟到学习应该首先调动学生的兴趣和积极性，学习本应该是一件轻松愉快的事情。她独具风格的教学理念和教学方法已具雏形。

3. 走“白专”道路

从1966年到1977年，这十余年间，马芯兰一直坚守在三尺讲台上，一门心思地琢磨如何将课上好，将学生教好，教学之外的其他东西一概不管。虽然马芯兰讲的故事也包括一些革命内容，学生的学习成绩名列前茅，但她对教学的专注仍然遭到了不少人的非议。有的人指责她走“白专”路线，“不问政治”，领导给她这十余年下的结论就是走“白专”道路。但马芯兰坚定地认为，这种特殊年代是不会长久的，国家建设需要人才，教育必然要恢复应有的秩序。所以，在那个特殊的年代，每天备课、上课、批改作业一直是马芯兰生活、工作的核心内容。

“我让我的学生学好知识和本领，将来为祖国建设做出贡献，这就是最大的政治。

我把祖国强大的远大理想寄托在我的学生身上，使学生很有出息、有抱负，走到各行各业，成为有用的人，就这么简单。

‘白专’就是‘只专不红’，用现在的解释就是说不问政治。别人说了十年，我听了十年。我觉得我起码是一个爱国主义者，我把我的本职工作做好，我把我的学生教好了，使他们很好地建设祖国，这不是政治吗？”

马芯兰的“轴”和坚定地走“白专”道路，取得了丰硕的成果。

相对于其他学生，马芯兰所带的学生打下了良好的知识基础，养成了良好的学习习惯。到“文化大革命”结束，恢复正常上课秩序的时候，马芯兰所教学生的考试成绩，语文、数学都是第一名。恢复高考后，马芯兰教出来的学生很多都参加了高考，其中很大一部分成为了大学生。

在这十余年间，马芯兰认真钻研教材，研究教学方法，积累了丰富的经验，为以后的教学改革打下了坚实的基础。马芯兰感慨地说：“这十年没有虚度，这得益于这十年中我的‘轴’、‘死心眼’。”

4. “轴”、“死心眼”

“轴”是北京、河北一带的方言，是指一个人脾气执拗、固执。笔者在和马芯兰的访谈中，她经常用“轴”、“死心眼”这两个词来形容自己。

“我的特点就是：你给我说明白了，我就听；你说不明白，我就坚持我的观点。用通俗的话说，就是‘轴’、‘死心眼’。”

其实，马芯兰的“轴”是一种执着，是在认准方向、认清真理的前提下的一种坚持。

“以学毛泽东思想、学为人民服务为例，天天读‘老三篇’，天天拿着‘小红本’高喊口号，但我觉得教学生学点知识也很重要。所以，那个时候学校再乱，学生再打闹，我总是想方设法地让学生学习知识。”

马芯兰曾经有一个学生，家里兄弟姐妹比较多，他排行倒数第二。但不知什么原因，他的妈妈总是不喜欢他。有一次学校组织春游，他的妈妈不让他去。马芯兰就去做家长的工作，说春游是让孩子走近大自然，是一种生活，若不让孩子去春游，怎么能写好日记呢？但好说歹说，学生的妈妈就是不同意。马芯兰的脾气上来了，说这是我的学生，必须去春游。马芯兰和学生的妈妈较上了劲，后来在学生爸爸的支持下，这个学生的春游才算成行。

“这个学生家长不让春游，不是因为学生有病，不是因为他的身体不行，而是因为自己某种不良的情绪和感情，那就不行了。”

这么一个小小的例子，足以说明马芯兰对工作、对学生的一种高度负责的敬业精神。

“文化大革命”期间，各种各样的批斗会应有尽有。有一次学校开批斗会，烈日当头。马芯兰的学生刚好被安排在烈日下，六七岁的孩子在炽热的太阳下站立着，一个个汗流浃背，眼睛都睁不开。马芯兰看在眼里，心疼万分，于是当机立断，拉起她的学生到旁边的树荫下坐着休息了。

“我当时是初生牛犊不怕虎，在那个年代那样做确实挺冒险的。幸好当时的领导挺好的，没揪我的小辫儿。不过当时我确实挺生气，学生那么小，怎么能这样暴晒呢！我班的学生不能晒着。

尽管领导经常批评我，但却没有动真格的。所以，我感谢当年的领导对我这么宽容。他们的宽容在一定程度上成就了我。”

有一次课后，马芯兰在给几个学生补课，等补课结束，其他老师和学生都吃完饭了。马芯兰拿出从家里带来的盒饭，正准备吃，这时过来几个“军宣队”、“革委会”的人，开始在马芯兰面前说三道四，讽刺挖苦她。起初马芯兰不予理睬，但后来忍无可忍，“你们都玩儿够了，我这儿刚拿起饭碗来，我也不吃了”，说着端起饭盒朝着“革委会”的一个委员砸了过去，一盒饭全部砸在他身上。

回想起这件事，马芯兰笑着说：“当时确实是很不痛快，无法忍受了，一下子就爆发了。”

（二）好强的“小老师”

马芯兰专心教给学生知识，取得了良好的成效，她所带的班级数学成绩都比较好。这导致了其他老师不满，校长就找她谈话，校长先表扬了一通，说马芯兰课讲得好，学生成绩好，然后一转折就提出了一个问题，就是不讲究卫生，班级卫生工作做得不好，旁边一个凳子上都是土。那是一个放在角落没有学生坐的凳子，马芯兰明知这是鸡蛋里挑骨头，但好强的她并没有辩解，心中却憋起了一股劲。

> “你不是说我不讲究卫生吗？那我就天天搞卫生，谁擦哪一块玻璃，谁负责哪几张桌子，把教室的每一个角落都落实到每一个学生身上，全班五六十个学生都有自己的‘责任田’。现在来说，那就是邓小平同志的承包思想，每天你都负责那一块。每个学生负责一块，每天去做，根本占用不了多少时间。我的工作就是这么做，班级卫生评分获得第一名了。”

班级卫生稳居第一了，领导又找马芯兰谈话了，说你班级卫生做得了，办公室的卫生你从来没做过。“我哪儿想到我办公室的卫生，一心都在班级里。那时候还是年轻，说明我还是不太懂‘政治’。”这又是一次挑剔，但马芯兰仍然没有多说什么，虽然心中有点不大高兴。“好，只要每周搞卫生，我准上办公室搞去。这也说明骨子里一种好强吧，从此办公室的桌子什么都是我擦。”“办公室的卫生工作是大家的事情，每个人都应该做一部分，但我当时就没想到。不是说多么自私，故意不做，是压根就没想到。”马芯兰笑着说，“脑子就是这么简单啊！”

有一次，学校召开运动会，有专门的老师和学生在做各项组织工作。马芯兰就寻思，运动会有专门的老师组织，班级学生全体参与，我在旁边做什么呢？于是马芯兰就把学生的作业本带着，在旁边的桌子上批改作业，等运动会结束了，作业刚好也批改完了。于是就有老师反映，马芯兰不支持运动会，不关心集体，不重视体育，在运动会上批改作业，所以学生的体育成绩不好。领导又找她谈话了。

马芯兰好强的倔脾气又上来了。达标还不容易吗？马芯兰又设计出了妙招。以仰卧起坐为例，马芯兰明白，仅仅在每周一次的体育课上进行练习，肯定无法达标，锻炼强度和频度都不够。于是，她发动全班学生动手给自己设计一个卡片，上面有日期、有方格的那种，让学生每天晚上睡觉前做一分钟的仰卧起坐，完成之后就让家长画一个钩儿。这样半学期坚持下来，学生的仰卧起坐成绩都达到了优良水平。当笔者问起学生会不会自己画钩儿而作弊时，马芯兰自信地说：“我的学生画的钩儿，我一眼就能看出来，和家长画的钩儿是不一样的。我就能看出来，别想蒙我。”

> “当时的领导都是比较开明、比较宽容的，尽管多次找我谈话，但都不是一上来就批评我，而是耐心地给我指点，栽培我。现在我做了校长，成为领导了，就更加明白这一点了，对年轻教师进行耐心指导很重要，不能上来就一顿批评、数落，要一点一点地教，因为有些事情，年轻人真的不懂，要允许他们犯错误。我就是这样从不懂过来的。”

（三）“混乱”中的自我坚守

在“混乱”的大环境下，在想方设法教给学生有用知识的同时，马芯兰一直没有放松自身的成长与发展。马芯兰逐渐找准了自己的兴趣点和重点发展的学科——数学。她利用一切可以利用的时间和书籍资源，钻研数学教材，研究教学方法，逐渐形成了自己的教学特色。

政治学习成为当时人们工作、生活必不可少的一部分，老师也不例外。在政治学习会上，当其他老师都在背诵“老三篇”、毛主席语录时，马芯兰私底下却把抽屉拉开，翻开了数学书，做起了数学习题。

一个偶然的机会，马芯兰发现了一个“宝藏”。在一个偏僻的房间内，她发现了很多破烂不堪、留下诸多火烧痕迹的书籍，里面竟然有很多小学数学的课本和参考书，有一些还是解放前的教材。马芯兰如获至宝，当机立断，把部分书偷偷地拿回家，或者锁在办公桌的抽屉中，或者趁中午休息时间偷偷地躲在那个小房间里如痴如醉地汲取知识的营养。在那个年代，马芯兰的这种行为是冒着一定的“政治风险”的，但她毫不在意。在她的眼中，这些书都是宝贝，蕴藏着丰富的知识营养。马芯兰是个有心人，她还从“红小兵”扔掉的图书中捡起了一些教科书翻看，渐渐地将解放前后的小学数学教材和多种版本的参考书都通看了一遍。马芯兰隐隐感觉自己好像从中发现了一些什么问题，但一时又说不清楚，内心十分着急，于是她又拿起《一千题详解》《一题多解》……开始一题一题地算起来。马芯兰的思路逐渐清晰，视野逐步开阔。

就这样，当别人在轰轰烈烈地搞“斗、批、改”时，马芯兰却一头扎进了数学的王国，走进了数学的小天地，边学习边实践，在学习和实践中朦朦胧胧有了些新的想法和做法。用马芯兰自己的话说——“这十年，是从走‘白专’开始的。这十年是我在第一线探究知识的十年。”

在马芯兰教育教学生涯的第一个十年中，由于她的“轴”、“死心眼”，没少受领导的批评，马芯兰也因此经常掉眼泪。但当年，她却一直想不通，为什么置教育教学于不顾，而投身到无谓的“革命活动”中，自己把书教好了，学生学习好了，却遭到批评。“认死理”的马芯兰，一直都没有想明白，所以也经常委屈着，但这丝毫没有影响她对教学工作的执着与专注。“我自己有一个主线，雷打不动，不管外面怎么纷扰。”

“白专”道路的十年，在马芯兰的教师职业生涯中非常重要，为以后的教学改革和专业发展打下了坚实的基础。这十年，马芯兰的教学成绩一直名列前茅，她所带的班级，无论是数学、语文还是其他学科，每次考试都是第一名。马芯兰的学生都打下了良好的知识基础。到1977年恢复高考时，马芯兰的很多学生都参加了高考，且被录取，走向了崭新的人生道路。回顾这十年，马芯兰很是欣慰。

“这十年没有虚度。我的‘死心眼’成就了这十年，也成就了一大批学生。总算是坚守住了内心，对得起自己的良心了。

第一个十年就这样过来了，但是，起码学生有收获。”

三、走向教改之路

到了“文化大革命”后期，随着社会形势的稳定，各级政府和领导开始重视教育，开始抓教育质量了。下来听课，出卷考试……对这一切，马芯兰抱着非常欢迎的态度。这对马芯兰来说是最大的帮助和鞭策。可以说从那时起，马芯兰教的班级的数学成绩就遥遥领先。各级领导和老师们经常到马芯兰教的班级听课，他们听课后都感到马芯兰在处理教材和教法方面有些新意。面对这些，马芯兰从没骄傲过，因为她时时记住其工作目的不是这些，而是要让学生成才，为祖国做贡献，使祖国富强起来。

（一）一堂好课，一个契机

1972 年，马芯兰在朝阳区上了一节公开课。当时前来听课的有时任朝阳区教育局副局长的孙臻，还有教育局的其他领导、学校的领导以及其他学校的教师。马芯兰以生动的教学方式，完全调动起了学生的情绪，师生互动交错，课堂氛围非常活跃，学生学得非常轻松，且效果十分显著。这一情景让前来听课的领导和老师赞不绝口，副局长孙臻当即表态：“马芯兰敢讲知识，这很好，我们就是要把知识教给学生。”领导的肯定让马芯兰倍感欣喜，她的坚持终于收获成果。马芯兰这个年轻的老师开始被教育界人士关注。这一堂公开课成为马芯兰教师生涯中的一次转机。

（二）让学生不怕考试

到了“文化大革命”后期，学生回到学校，回到教室，教育秩序逐渐恢复，走向正规，教育质量得到重视，各种考试也随之而来。尤其是恢复高考之后，各级政府和领导对中小学教学质量的监控更加重视，各种评价考试又重新得到恢复，成为各级各类教育选拔、评优的主要手段。

马芯兰清楚地记得，早在“文化大革命”结束之前的1973年，有一次六年级的毕业考试。在考试之前，师生如临大敌，各项准备工作做得很充分。考前监考老师取试卷的时间、检查考场的时间等都安排得非常清晰。在考场上，监考老师还特意准备了一盆水、毛巾和清凉油，以防学生考前、考中紧张，甚至晕倒。

马芯兰解答学生们提出的数学问题

紧张，成为考前、考试过程中所有学生存在的普遍现象，只是紧张的程度在不同孩子身上表现得不同而已。有些学生，考前照样玩，尤其是男孩子，但一旦面临考试，仍然有不同程度的紧张。有的学生考前十分紧张，一上考场大脑一片空白，大脑中所有的知识都不翼而飞，只能号啕大哭，有的学生甚至当场晕倒。

在监考的过程中，学生们在答卷时，考场鸦雀无声，静得连根针掉在地上都能听见。马芯兰看着一张张紧张的小脸，甚至有的小脸煞白，马芯兰的心头立刻变得沉甸甸的，孩子们太苦了。

“当时其他老师可能都没注意到这些，偏偏我看到了，看到这一幕我就难受。”

紧张的不仅仅是学生，还有老师。在考试面前大家都是平等的，老师之间的暗中较量、竞争也非常激烈，这当然主要依据所教学生的成绩来评判。所以，每逢考试，老师们背负的压力丝毫不亚于学生。每当考试完，很多老师满嘴长起了大泡。学生之间、教师之间的竞争，让马芯兰不禁联想起了动物世界中残酷的“优胜劣汰”，心头一阵发紧。

这样令人窒息的一幕幕给马芯兰带来了很大触动，为什么学生都这么惧怕考试？有没有什么办法让学生都能考出一百分的好成绩？

“爱怎么考怎么考，考试我管不了。我就想方设法不让我的孩子这么苦，不是就为了得那一百分吗？我就是让学生不怕考试。”

虽然对各级各类考试，作为普通教师的马芯兰无法控制，但万变不离其宗，可以从教材、教法上着手，去琢磨，去研究，想方设法让学生学到知识，培养其能力，使学生从容应对一切考试。

基于为了“让学生不怕考试”这个简单的想法和念头，马芯兰在以前的基础之上，开始更深层次地研究数学教材和教学方法，梳理小学数学的知识体系，逐步开启小学数学教学的“马芯兰时代”。

“我当时的想法很简单，就是不怕考试，我让我的学生都得一百分，就这么简单！我这个人就这么简单，这么‘轴’，想准的事肯定要做到底。”

当笔者问起马芯兰是否还有其他原因促使她开始教学改革的尝试时，她果断地回答说："没有，真没有。说为了祖国的未来，这太吹嘘自己了，我也不愿意说这个。把自己的活干好了，就是为祖国的未来做出了贡献。我是中国人，就是这么努力地干过来的。看到学生挺苦的，我就努力地去不让他们那么苦。就像前面所说的，我就是再简单不过的人。我的家人就说我，给个棒子就是针。败也简单、执着，成也简单、执着，我的成功与失败都是这个原因。"

让学生不再惧怕考试，这个念头成为了马芯兰从事教学改革的原动力。

（三）第一轮教学改革实验

马芯兰的课上出了新意，上出了实效，上出了学生的幸福与快乐，也上出了名声。朝阳区的很多学校和老师都知道了幸福村第一小学有一位年轻的数学教师马芯兰。前来听课的领导和老师逐渐增多起来。有一段时间前来听课的老师特别多，一周几乎每天都有人走进马芯兰的课堂，有时候刚送走一批听课的老师，第二节课又迎来了一批。对于这些，马芯兰呈现出随时欢迎的态度。听课，对于马芯兰来说，根本不用做任何特殊准备，就像平常上课的状态一样，但每一节课的内容、方法都是新的，都是不重复的。

马芯兰崭新的教学方法，给朝阳区的小学教育，甚至北京市的小学教育带来了一股独特的创新之风。她对数学内容的融会贯通、形成的适合学生的教学方法、收获的良好的教学效果获得了同行的赞同，也得到了上级领导的认可。

1977 年秋，在当时的朝阳区教育局副局长崔庆平的支持下，马芯兰展开了第一轮小学数学教学改革的实验。她开始对一年级的数学课进行改革，并着手编撰教材。1977 年到 1980 年，马芯兰用了三年的时间使三年级学生的数学学习质量达到相当于当时五年制小学毕业的水平。在第一轮教学改革实验结束的 1980 年，有关部门为了检查第一个实验班的教学质量，曾用小学升初中的数学试题对实验班（当时为三年级）的学生进行测验，结果全班平均成绩达到93分。

进入马芯兰教师生涯的第二个十年，她已经很有名气了。到了1977年的时候，已经有很多京外的老师慕名前来听马芯兰的课。当年，外地的老师只要来北京听课，准会到朝阳区幸福村第一小学听马芯兰的小学数学课。对于如此频繁的听课，马芯兰一点也不担心，反而把听课作为督促自己进一步提升的机会和动力。站在三尺讲台上，面对那一张张求知欲强烈的小面孔，马芯兰顿觉有用不完的劲，有讲不完的知识，有永不耗竭的激情。有同行来听课，有时都不用和马芯兰提前打招呼，直接走进教室就行，马芯兰所带班级的教室后面时刻都准备着多个小圆凳，以供前来听课的老师使用。马芯兰的学生也都习以为常，完全置这些听课的老师于不顾。

马芯兰不怕听课，更不怕讲课，随时来、随时听、随时讲，每节都是新课，节节都是亮点纷呈，让前来听课的老师赞叹不已，课后纷纷向马芯兰求取真经。1980年，马芯兰第一轮教改结束，全国各地前来听课的老师络绎不绝，往往是第一拨前来听课的老师还没走，第二拨就来了，马芯兰紧接着继续讲课。

> “人家大老远地跑过来，我不能因为今天课上完了就不再给人家讲了，那样做多让人家心寒！所以只能继续上课，就是苦了我所带的学生了。
>
> 我一天到晚就是这样，平时他们（指前来听课的人）不来我也就是这样，他们来倒促进我更系统条理地讲课。所以，他们来听课，今天听完了，明天还听，我还能讲一样的吗？我得往下讲，再往下后天还听，我就得往下，不让我喘息的。”

马芯兰的第一轮小学数学教学改革取得了巨大成功。在当时北京市、朝阳区的各种考试中，马芯兰所带班级的学生，数学考试成绩都是第一名，不仅仅是数学成绩，语文也考了第一名。马芯兰的教学改革实验造就了她数学教学独占鳌头，第一名的成绩也进一步抬升了马芯兰的名气。

马芯兰还记得，每次考试结束后，她高兴地去找领导汇报喜讯、汇报情况，有些人私下就说马芯兰太骄傲了，开始在领导面前打她的小报告。但马芯兰却清楚地了解自己的内心，这不是骄傲，而是发自内心的高兴，是太高兴了。数学得了 98 分，马芯兰就和学生说："回家让你爸爸妈妈犒赏你一下，吃点好吃的，给你煮个鸡蛋吃。"

别人说马芯兰骄傲，马芯兰却非常不服气。"其实那时候真不知道什么是骄傲，就是高兴。说我骄傲，我就不服气，我这么努力地工作，还骄傲?"

除了数学、语文课的成绩稳占第一名之外，马芯兰所带班级的体育成绩也是名列前茅的。马芯兰教学方法的改进，大大提高了课堂教学效率，减轻了学生的负担，节省出了很多时间，使得学生有充分的时间进行体育锻炼和游戏活动，德、智、体都获得了良好发展。

> "当其他老师和学生仍在忙功课的时候，我就开始带着学生沿着操场跑圈了。跑了三圈，然后练习爬竿、立定跳远等。我心里有数，一共有多少项要达标，然后每一项练习我都做到心中有数，感觉这一项差不多能达标了，就找体育老师测试去。最后，人家都觉得，我班达标率是最高的，身体是最棒的。德、智、体啊!"

对于体育达标，马芯兰也有自己独特的方法，她给每个学生设计出了一张卡片，要求学生每晚都做一分钟的仰卧起坐，完成之后让家长画钩儿。看似小小的一招，却起到了很大的作用。一学期下来，学生的仰卧起坐不仅达标，而且都超标了。

（四）第二轮教学改革实验

第一轮教学改革实验的成功，给了马芯兰巨大的信心和勇气。接着从 1980 年秋季起，在吸取了第一轮教学改革经验的基础之上，她又开始了第二轮实验。第二轮教学改革仍然是从小学一年级开始，四年之后，到 1984 年夏季，参与马芯兰教学改革的学生在四年级时，其数学学习效果已经达到相当于六年制毕业生的学业水平。1984 年，当时的学区用朝阳区小学毕业升初中的数学试题检测了第二个实验班（当时为小学四年级）的学生，结果全班平均成绩达到 94 分。

（五）马芯兰教学改革的实践

1966 年，马芯兰从北京第二师范学校分配到当时的北京市朝阳区幸福村第一小学，开始走向人民教师的工作岗位。当时，她只有 20 岁。

马芯兰 1966 年参加工作，在经历了十年“文化大革命”动乱之后，自 1977 年，她开始进行小学数学教学改革实验，当时她只不过是一位仅有十年小学教龄的年轻女教师，而且教育刚从混乱不堪的状况中走出来。得益于“文化大革命”十年中对教学工作的执着与专注，得益于遨游在数学王国中的潜心修炼，马芯兰的小学数学改革之路一帆风顺，取得了巨大的成功。

1. 教学改革的理念和目标

（1）以学生发展为本

“以学生发展为本”是马芯兰“以人为本”教育理念在教书育人上的具体体现。“我所进行的一切教学改革，都是为了更好地培养孩子。”马芯兰说，“为了培养合格人才，从小给儿童打下良好基础，使他们在德、智、体诸方面得到全面发展，我于 1977 年秋，从一年级开始，进行了小学数学教学改革的实验。”

从简单地“为了使孩子不怕考试”到“发展学生的创造性思维”、“为学生的全面发展、持续发展打下坚实基础”，马芯兰的教育理念逐步深入、升华，成为统领其两轮教学改革实验的核心理念。

“四十年了，我可以自豪地说，我没让一个学生掉队。”马芯兰确实应该感到自豪。不过，许多人以为，马芯兰“没让一个学生掉队”的原因是她独具特色的“马芯兰教学法”。其实，“没让一个学生掉队”的真正原因是她对学生发自内心的爱。正因为有了这种爱，马芯兰才创造出了“马芯兰教学法”。

（2）开发学生智力，减轻学生负担，提高教学质量

开发学生智力。培养学生的创造性思维能力，开发右脑，提升形象思维能力，为学生一生的持续发展打下基础。

减轻学生负担。将小学一至六年级数学教材中的540多个概念、知识点进行重新归纳、排列组合，形成核心概念与派生概念主次分明、纲举目张、动态性的知识网络，并以交错、迁移等教学方法加强知识之间的内在联系和应用，以形象、生动、直观的教学手段将抽象的核心概念具体化，最终实现课堂教学效率高、效果好。学生学得轻松、愉快，从根本上减轻了学生的负担。

提高教学质量。既注重思维的发展、知识的传授，又注重学生的情感和态度，较高水平的教学质量就自然实现了。

2. 教学改革的过程

在“文化大革命”十年的教学过程中，马芯兰参阅了多种版本的小学数学教材，相互之间进行比较和借鉴，吸取各方之长而避其之短，将其精华用于自己的教学中，同时尽量避免各种版本教材的不足。她发现，当时的教材主要存在两点不足。一是从知识的传授来说，现有教材虽然重视知识体系本身和知识传授的系统性，但传授的过程却是平铺直叙的，知识内部联系不紧密，有些知识点之间跳跃性比较大，会形成大大小小的一些知识“孤岛”和教学难点。二是从能力的培养来说，当时教材设计的练习是分散的、孤立的，系统性差，培养出来的技能仍是孤立的，技能的迁移性差，难以形成变通的能力。

“知识本位”和“能力培养短板”成为马芯兰对当时多种版本小学数学教材诊断的结果，知识和能力似乎成为小学数学教学中一对永恒的矛盾。

于是，在1977年的秋天，马芯兰开始了她人生第一轮的教学改革。这次改革无论是对马芯兰，还是对北京市，乃至全国小学数学教育系统来说，都是具有开创性意义的。马芯兰首先从小学数学教法的改革入手，但教法又受制于教学内容，因此必须将小学1～6年级的教材重新进行编排，系统地自编教材，其目的是弥补教材中的上述两点不足，为教

学方法的创新建立前提条件。马芯兰根据知识的内在联系和儿童智力发展的规律，突出教材中那些最基本的概念、法则和原理，并以此为中心，从纵、横两个方面重新调整与组建小学数学知识结构，把有关的、有联系的知识串联在一起，做到有纲有目，形成处于运动中、蕴含较高思维价值的、具有生命力的数学知识网络。随后，根据培养学生数学能力的需要，自编能力训练练习，并将其充实到新的知识结构中。

改革后的教材，把能力训练作为教材的重要组成部分，使知识与能力紧密结合。这样，既有利于知识技能的教学，又有利于培养和提高学生的数学能力。改革后的数学教学改变了过去学生凭记忆、模仿进行学习的方式，让学生能够充分发展自己的思维，促进自身的可持续发展。学生负担轻，基本概念理解得透，基础知识掌握得牢，解题思路清晰敏捷，能举一反三。“马芯兰教材”和“马芯兰教学法”从根本上解决了知识与能力的矛盾，将二者有效地统一到课堂教学、练习训练中。

马芯兰的小学数学教学改革共进行了两轮：第一轮始于 1977 年秋，结束于1980 年夏，实验年级为小学 1 ~3 年级；第二轮教改实验开始于 1980 年秋，结束于 1984 年夏天，实验年级为小学 1 ~4 年级。两轮教改实验都取得了成功。

3. “马芯兰教学法”及其效果

在改革数学教学的实验中，所有的讲课、预习、复习、练习都是在课内进行的，基本上不给学生布置课外作业。学生掌握的基础知识比较牢固，基本技能熟练，思维敏捷、灵活，学习的积极性、主动性都比较高。学生的数学基础更系统、更扎实了，学生解决问题的能力有了显著提高，学习数学的兴趣更浓了。课业负担不重，学生有较充裕的时间参加自己喜欢的活动。

“马芯兰教学法”的效果体现为以下几点。

第一，教学时间大大缩短，教学质量大大提高。一是缩短了课堂时间，二是缩短了小学学年。马芯兰有效地改善了课堂结构，精讲精练，提高了课堂效率，缩短了课堂时间。马芯兰的实验班，三年级学生的学业质量达到五年级的水平，四年级学生的学业质量达到六年级的水平。这是对缩短现行小学学年可行性的一次精彩证明。

第二，学生的课业负担大大降低。课堂是教学的关键环节，向课堂要效率、要教学效果，不留家庭作业。对于实验班的学生，马芯兰从来不布置家庭作业，学生在六年时间里也从未做过家庭作业。马芯兰也很少给学生“开小灶”，她说：“如果学生上课没明白，下课补，就会形成恶性循环。语文要补，数学要补，有的学生各科都差，全需要补，把玩的时间都给补没了。这样孩子能喜欢学习吗?”课堂教学才是最为关键的。

第三，激发了学生的学习兴趣，开发了学生的创造性思维，提高了学生的学习能力。除了关注知识的传授、能力的开发，马芯兰还特别重视学生在课堂中的情感和态度，创设一种民主、轻松、开放的课堂氛围，让学生积极和老师互动，提升了学生的幸福感。

第四，“马芯兰教材”及“马芯兰教学法”更加符合儿童身心发展的规律，促进学生的全面发展。“马芯兰教学法”是建立在对儿童生理、思维发展特点和规律准确把握的基础之上的，“马芯兰教材”打破了不同年级教材之间、知识点之间的藩篱，实现了融会贯通，大大提高了教学效果。由于提高了教学质量和效率，课时、学时大为缩短，学生负担大大减轻，有了更多的时间参加学校的课外文体活动。实验班学生在学校的阅读、歌咏、乒乓球等活动和比赛中，成绩均名列前茅。此外，学生的语言表述、计算、操作、空间想象以及逻辑推理等能力也都得到了很大的提高。实验班学生的身心得到了全面的发展，学生解题思维敏捷，技能熟练，学得轻松，成绩好，能力强。

4. “马芯兰教学法”的特点

“迁移”、“渗透”、“交错”、“训练”是对“马芯兰教学法”特点的精辟概括。

第一，基于规律的科学性。“马芯兰教学法”建立在对小学数学知识体系的内在规律、学生思维的发展规律以及二者有机结合准确把握的基础上，充分体现了科学性。

第二，将知识传授和能力培养、思维发展结合起来。知识传授重点突出，层次分明，将知识之间的内在关系告知学生，通过形象化手段将核心概念教给学生，然后通过迁移、渗透、交错、训练等方法逐步让学生掌握其他派生出来的概念，达到纲举目张的效果。教学过程注重启发学生主动思考，注重培养他们完整的思维链。

第三，注重学生的情感、态度培养。重视教学中学生的情感体验，激发学生的学习兴趣和学习热情，使他们热爱学习。

第四，重视知识的应用、能力的训练。训练在“马芯兰教学法”中占据比较重要的位置，训练可以起到应用知识、巩固知识、发现问题、深化思考的作用。马芯兰的训练绝不是“题海战术”，而是详略得当的精练。在训练的过程中，她使知识点之间、新旧知识之间、不同的思维方法之间融会贯通，让学生掌握一个完整的、动态的小学数学知识网络。

第五，开发学生右脑，发展学生的形象思维。重视左脑开发，忽视右脑开发，注重发展抽象思维，而忽视发展形象思维，是我国各级各类教育教学的一个通病。马芯兰充分借鉴脑科学的研究成果，将“马芯兰教学法”建立在科学而坚实的思维发展规律之上。在课堂上，马芯兰利用各种形象、具体的教具，让学生摆一摆、画一画，将抽象的思维外化，将抽象的概念以形象的方式方法深入浅出地教给学生。

第六，“马芯兰教材”和“马芯兰教学法”相结合，相得益彰。

有人说，老师的启蒙教育关系到孩子的一生，而马芯兰送给孩子们人生的第一份礼物则是学习方法和学习能力。

5. 教学改革的经验

马芯兰小学数学教学改革，积累了丰富的宝贵经验，成为我国小学数学教育理论宝库的瑰宝。其中两条最为核心的经验就是在教学中教给学生知识的基本结构和培养学生的数学能力。

第一，以思维为中心，抓概念教学，构建学生良好的知识结构。

第二，在基本概念和技能的基础上，通过思维训练，培养学生的数学能力和创新能力。

把思维放在学科教学的中心，把培养数学能力和创新能力落实到学科教学之中，是马芯兰教学改革实验的着眼点与立足点。教育人士对此给予了很高的评价，认为马芯兰强调认识过程中“思维”的中心地位，与中央提出“创新人才”的培养极为吻合，这样落实到人的发展上来，就形成“以人为本，重视个体差异与个人的思维方式”的教育教学理念。这一理念的诞生，在理论研究与实践探索中，为马芯兰的教学改革实验提供了理论依据，进一步增强了马芯兰继续开展教学改革实验的信念和信心。

四、成为特级，扬名全国

马芯兰小学数学教学改革和“马芯兰教学法”获得了社会各界的广泛认同。1985 年，马芯兰荣获全国五一劳动奖章。1988 年，马芯兰被授予“北京市有突出贡献的专家”称号，被选为中共十四大代表并荣获“全国巾帼建功标兵”称号。1993 年荣获“北京市共产党员十杰”和“北京市人民教师十佳”称号，1994 年荣获“全国中小学中青年教师十杰”称号，1995 年被评为全国劳动模范，1997 年荣获首都精神文明奖章，2002 年被选为中共十六大代表，2004 年荣获“首都杰出人才提名奖”。

马芯兰积极投身教育教学，勇于创新改革的精神和魄力也得到了市、区两级教育行政部门的认可，北京市教育行政部门分别于 1984 年和 1994 年倡导全市教育系统向马芯兰学习。

1984 年秋，北京市教育局发出《关于向马芯兰同志学习的通知》。通知中指出，马芯兰同志自 1967 年走向小学教师工作岗位以来，一直热爱教育事业，刻苦钻研业务，从 1977 年起，特别是 1980 年以来，她在小学数学教学中，按照儿童的认识规律，进行了教材教法的改革，创造了新的数学教学法，较好地解决了学生课业负担过重的问题，促进了学生德、智、体全面发展，为小学数学改革做出了贡献。

1994 年，北京市教育系统又一次号召广大教育工作者向马芯兰学习。《人民教育》于 1994 年第 10 期刊发了《北京市开展向马芯兰张明珠同志学习活动》的文章。

马芯兰在给学生们上课

同时，马芯兰也开始一步一步整理自己的教改经验，并进行系统提炼，使得自己的教学及教改思想逐步成型。于是，马芯兰撰写出一篇又一篇的论文，发表在各级刊物上。这些包含着马芯兰小学数学教学改革思想和经验的论文，有力地传播着她的教学改革思想和经验，提升了其在北京乃至全国的影响力，使无数的教师同行受益。如《我怎样上小学数学课》《抓住智力与非智力因素的辩证关系，改革小学数学教学》《培养发散思维　改革应用题教学》《运用渗透法教学小学数学的尝试》《训练是培养和提高学生数学能力的重要手段》《构建新的知识结构　培养学生思维能力》等发表在《人民教育》《心理发展与教育》《云南教育》《北京教育》等期刊上。

思想：

以人为本的教育思想

在新的历史时期，“以人为本”已经成为我国基础教育改革的价值取向和价值诉求，是新时期教育价值观的核心，是我国成功实施素质教育的必然选择，其目的是促进学生的全面发展，作为一种新的教育理念，在我国已经被越来越多的有识之士所认可、接纳。以人为本的教育理念要求我们要尊重、凸显学生的主体地位，学生既是教育的中心也是教育的目的，学生既是教育的出发点也是教育的归宿，学生既是教育的基础也是教育的根本。一切教育必须以学生为本，这是现代教育的基本观点。朱永新认为，教育的理想是为了一切人，无论是城市的还是乡村的，富贵的还是贫贱的，聪慧的还是笨拙的；教育的理想是为了人的一切，无论是品德的还是人格的，生理的还是心理的，智力的还是情感的。在实际教育教学工作中，“以人为本”作为一种教育理念，包括以学生为本和以教师为本两个方面。

在马芯兰的教育思想体系中，“以人为本”是其最为突出的特征。马芯兰作为一名普通的小学数学教师时，出于“以学生的全面发展为本”的宗旨，坚持进行了几十年的教学改革；成为北京市朝阳区实验小学①的校长后，她将“以学生的发展为本”和“以教师的发展为本”有机结合起来，在学校管理中处处体现浓厚的人文精神。

一、师生发展是教育发展的根本

（一）不让一个孩子掉队

从教四十余年来，马芯兰从一名普通教师成长为北京市的特级教师，进而成为闻名全国的教育家，毕生所奋斗的全部是为了孩子，为了把孩子培养成为“完整的人”。曾在北京甚至在全国推广的“马芯兰

① 马芯兰最初参加工作的学校是朝阳区幸福村第一小学，后来幸福村第一小学改名为幸福村中心小学。幸福村中心小学在合并幸福村第二小学后改名为朝阳区实验小学，第一任校长是马芯兰。

教学法”，最初的想法也仅仅是“为了让孩子不怕考试”。在马芯兰的工作历程中，从未停止过“改革”的步伐，研究教学，创编教材，琢磨孩子，培育校园文化，这一切都是为了学生的全面发展，都是在“以学生的发展为本”的思想指引下所做出的种种尝试。

马芯兰在上数学课

在学校教育中，马芯兰始终把学生放在第一位，把每一个学生当作教育的出发点，把学生当作活生生的生命个体来看待，确立和尊重学生的主体地位。她认为，每一位学生都具有巨大的发展潜能，每一位学生都值得教师去研究、去开发、去培育，促进学生的个性全面发展应该成为教育事业的终极目的。“没有教不好的学生，只有不会教的老师”，马芯兰经常以这句话鞭策自己，并鼓励其他教师。

马芯兰的教育理念是，使教育成为人的教育，而不是机器的教育；让教育回归教育的本质，让基础教育回归基础教育的基础。教育要使学生成为教育的主体，要尊重学生的个性，尊重学生的人格，尊重学生的基本权利和责任，让每一位学生的个性都得到充分的发展，让每一位学生都在蓝天下健康成长，把学生培养成为有血有肉有尊严的真正的人。

充分调动学生的兴趣和主观能动性。在教育教学中，马芯兰认为，学生是教育的对象和主体，必须把调动他们的积极性、激发他们的内驱力放在第一位。教学方法的改革、教育手段的革新、课堂情境的创设等，这一切对学生而言只是客观条件的变化，都属于外因，外因必须通过内因起作用。所以，马芯兰认为，必须“把儿童看作是学习的主体，让儿童积极地参与数学教学活动，在活动中积极思考，从而使学生掌握学习数学的规律，培养其思维能力”。

马芯兰在“以学生发展为本”的思想指引下，从事教育事业四十余年，始终坚持“良心育人、踏实做事”的育人原则。她认为，小学教育吃的是良心饭，容不得半点虚假和忽悠。她坚持教学与育人并重，“把孩子们培养成最棒的”是她追求的目标，也是她作为校长工作的“轴心”。她常把“马芯兰的孩子”挂在嘴边，因为她说学生是她的“命根子”。她关爱每一位学生，与他们建立民主、平等、友好的师生关系，创设出愉悦、和谐的学习环境，为学生的健康成长搭建自主、创新、发展的平台，她要让她的学生“玩得痛快，学得踏实”。

学生的智商、性格特点、家庭环境、教育背景等各不相同，但是对于老师而言，每一个孩子都是一样重要的，要对每一个孩子负责，使每一个孩子成才。同样的题目，有的学生 20 分钟就能做完，而有的 40 分钟才能做完。马芯兰就鼓励先做完的学生看课外书，甚至可以出去打乒乓球。马芯兰所带班级的教室原来是平房，教室前面就是乒乓球台，哪个学生做完就可以到外面去打球。这既是对好学生的一种奖励，也是对后进生的一种敦促。而那些淘气顽皮的男孩子，一旦学习热情被激发，其爆发力是相当惊人的。“我工作四十年没有让一个孩子掉队，包括蹲班的、复读的，到我的班里，成绩都会大幅度提高。”马芯兰不无自豪地说。

（二）让每一位教师获得最好的发展

马芯兰以人为本的教育思想，同样体现在以教师为本方面。她说，首先，从学校发展的角度出发，以教师为本，关注教师的全面发展，是实现学校可持续发展的基础和前提。教师，作为教学“三要素”之一，其重要性无须赘述。一所学校的发展，关键在于教师。一所学校要办出特色，办出水平，一是要有一个好校长，二是要有一支高素质、结构合理的教师队伍。提高教师素质，是提高教书育人质量的重要保证。

其次，从学校组织的本质特征来看，学校是培养人、培育灵魂的场所，是以灵魂塑造灵魂的圣地。教育的服务者是教师，教育的对象是活生生的人，完全不同于工厂的机械化大生产和那些冷冰冰的各种产品。因此，学校管理在健全各项规章制度的同时，必须充分体现“人情味”。

关注教师的发展，必须坚持制度管理与人本管理相结合，着力强化教师的可持续发展能力，使教师与时俱进，跟上时代的步伐，适应社会的发展。“只有全面发展的教师，才能培养出全面发展的学生。”马芯兰说。

从教四十余年，当校长二十年，马芯兰深刻地体会到，学校教育的目的不能仅仅是“一切为了学生”，还应该包含“为了教师的发展”。马芯兰说：“教师的发展是学生发展的前提，学生的发展是衡量教师发展和工作质量的重要指标。学校教育的目的应该把教师的发展包括进去，教师的发展应该成为评价校长工作绩效的重要指标和内容。”

在实际工作中，马芯兰非常重视教师的发展，着力打造优良的教师队伍。“有多大的本领，我们就搭多大的舞台”是马芯兰经常鼓励老师的话语。她除了自己手把手地指导年轻教师之外，还通过多种手段和途径为教师的成长创造机会。教研、科研、报告、培训、观摩、国内外考察、挂职锻炼等都成为马芯兰培养教师队伍和管理干部队伍的方式和手段。

除了职业上的发展之外，马芯兰还特别关注教师的生活和家庭，尤其是老教师和新来的年轻教师。老教师的身体状况、子女情况，年轻教师的谈婚论嫁、购车买房等，都装在马芯兰的心里。马芯兰尽其所能帮扶每一位教师。

尊重人、理解人、发展人、提高人、温暖人、体贴人，这些简单的词汇是笔者从多位曾经在马芯兰身边工作过的老教师、年轻教师的访谈文本中提取出来的。这些词汇朴实无华，却真挚动人，个个饱含着这些老师对马芯兰的感激之情。

（三）学校管理充满人文关怀

走进朝阳区实验小学和星河实验小学，浓浓的人文气息迎面而来，顿时给人一种亲切、厚重的感觉，丝毫体会不到那种刻板的科层制管理模式的气息。“学校是教书育人的场所，不同于工厂或企业。学校的管理文化必须是制度管理和人本管理的融合，以人本管理为主。”基于对学校组织性质的科学认识，马芯兰努力在两所学校打造独具特色的管理文化和管理风格。两所学校的组织文化，从建筑风格等物质文化层面到师生的行为层面，再到制度建设层面，一直到核心的价值追求层面，处处都体现着人性化，体现着服务与关爱。处于这样的环境中，学生的学习生活是愉快的，学生的成长是生动活泼的，教师的发展是全面的，师生关系是民主融洽的，管理干部和师生之间是和谐的。

（四）大教育观

早在筹建星河实验小学时，马芯兰就以“大教育观”的视角确定了开放式教育的办学思想。

> “星河的教育是开放型的，用大教育观来看，孩子是社会的，对孩子的教育也应该是全社会的共同责任，以往的办学偏重于关起门来办学，而星河要把大门打开，让学校、家庭、社会三者形成教育的合力，培养出全面健康发展的学生。”

经过四十多年的深入研究和不断实践，马芯兰对教育的理解越发深刻、系统，她把对教育的深刻思考和一腔热血倾注在这所新建的星河实验小学上，提出了“以质量为生命，以科学促发展，打开教育围墙，办开放型的国际品牌学校”的办学理念。因此，马芯兰的教育教学观念，可以归纳为“大教育观”，具体表现为以下三个方面。

1. 走出去

马芯兰认为，学校教育应该走出课堂，走出学校，走进社会，充分利用社会的优质教育资源，形成教育合力，以更好地培养创新人才。

走出应试教育的藩篱。传统的“灌输式”、“填鸭式”教学，虽然有利于学生知识的积累，但不利于培养学生的创新意识和创新能力，培养的是千篇一律、千人一面的“应试机器”。现代社会经济的发展呼唤素质教育。“课堂教学的内容应该是丰富多彩的；教学形式应该是多样化的，讨论、演讲、探究、提问等都应该成为课堂教学的形式；教学手段应该是多元化的，应该充分利用信息技术的最新成果，提高课堂教学的效果；课堂教学的目的也应该由仅仅是知识的传授转变为开发学生大脑、培养学生的创新思维。”

走出课堂的局限。在学校教育中，课堂教学是学生接受知识的核心环节，其重要性不容置疑，但课堂之外的教育也是素质教育的重要组成部分，不容忽视。课堂之外的素质教育形式是多样的，如开设高质量的选修课，举办各种前沿讲座和报告，放映各种科教电影和录像，设置多种课外读物等，让孩子们更灵活地学习最新知识。同时，组织学生开展各种课外活动。课外活动能帮助学生学到更多的直接知识，更有利于培养学生的人际交流、团队合作、组织协调等能力。例如，孩子们组织的各种兴趣研究小组、读书会、研讨会，少先队、共青团组织的丰富多彩的活动等。由于现实的逼迫，这些课程和活动在多数学校只是一种点缀，被沉重的课堂教学挤压得几无立足之地，质量状况也十分堪忧。但在朝阳区实验小学、星河实验小学，它们却占据了重要地位，成为开展素质教育不可或缺的重要组成部分。

走出学校的围墙。走出学校，即要充分利用社会现有的教育资源，弥补学校教育的局限与不足。现有的社会教育资源是非常丰富的，图书馆、博物馆、美术馆、科技馆、名人故居、高校、人文景观、自然景观等都可以为学校教育所用，都是开阔学生视野，助其树立正确的世界观、人生观的优质教育资源。

2. 请进来

所谓“请进来”，就是把具有重要教育价值的个人、团体、机构、群体等请到学校来，为学校教育出谋划策，贡献教育智慧。在教育学生方面，可以邀请社会名人来校举办各种报告、演讲、音乐会等，启迪学生的心灵，陶冶学生的情操；邀请家长参与各种亲子交流活动，使家长和孩子之间形成信任、理解的亲子关系。在师资队伍建设、教研科研方面，邀请专家、学者来校开讲，提升教师的教学和科研水平。

3. 形成教育合力

教育合力的形成有赖于对各种教育资源的统一、协调利用，有赖于学校、社会、家庭形成对教育的正确认识和诉求。学校处于社会的大环境中，应该充分、协调利用校内、校外两种资源，应该协调好社会需求与家长期盼、素质教育与应试教育之间的关系。只有把学校、家庭、社会三方的资源和价值诉求较好地运用和统一起来，构建家庭、学校、社会“三位一体”的教育网络，才能形成强大的教育合力。

马芯兰认为，作为校长，应当“站得高，看得远”，应该始终站在时代的前沿，从全社会的战略高度全面、系统地看待学校教育，对学校教育的问题不能进行简单的归因，教育的问题不仅仅是教育系统内部的问题，它涉及社会的方方面面。

马芯兰的大教育观契合了邓小平同志提出的“教育要面向现代化，面向世界，面向未来”的战略要求。

大教育观已经被越来越多的教育学者以及其他领域的专家、学者所认同。2009 年 8 月，在由中国宋庆龄基金会、中国教育学会、台湾省教育会共同主办的第三届两岸青少年社会教育研讨会上，东北师范大学时任校长史宁中在开幕式主题发言中提出“素质教育的核心是树立大教育观”。他认为，对学生来说，学科内的教学大约占学生学校生活的 70%，主要是培育学生的学习兴趣和良好的学习习惯等，毫无疑问，这是素质教育的一部分；而学校里各种学科外的活动大约占学生学校生活的 30%，由于活动不是目的，只是培育人的载体——通过活动，可以培育学生开朗的性格、合作的能力以及语言表达和思考能力等，因此，从广义上来说，这同样是素质教育的一部分……推进素质教育，需要我们树立大教育观。在这种大教育观的指导下，我们的教师在培养学生时，就应当不仅重视课堂内的教学，也应当注重课堂外的锤炼，通过各种方式锻造学生的创造力——知识、思维、经验等，为学生的全面发展夯实基础。

人们常说，教育是事业，事业的意义在于以人为本；教育是科学，科学的生命在于以人为本；教育是艺术，艺术的价值在于以人为本。在迈向未来的日子里，无论你把教育当作事业去从事，还是当作科学去探索，甚至当作艺术去设计，只要你能坚守以人为本的理念，如海边的望夫石守望终贞不渝的爱情，如街旁的梧桐树坚守默默无闻的岗位，如带露的白玉兰守护冰清玉洁的生命，在你我经年累月的坚守中，一定会为你我的教育生命守望出一份绚丽，为学校守望出一片希望的田野，为教育守望出一个万紫千红的春天!①

二、数学是思维的体操

（一）数学是人生的核心学科

马芯兰一生醉心于小学数学教学与改革，她对数学教学有一种近乎痴迷的情感。热爱数学教学，研究数学教学，培养学生的数学能力，成为她一生坚持的事业。

关于小学数学教育，马芯兰有着非常深刻的认识，有着自己的一套“数学观”。

第一，小学数学是一种启蒙教育。小学数学是开发学生思维的一种启蒙教育，培养学生分析、观察、推理、思考的能力。这种思维的开发与启蒙，对小学生未来发展有着非常重要的意义，直接关系到学生的思维方法和思维能力，进而关系到学生的成人、成才、成事。因此，小学数学是一个人一生的核心学科。

第二，数学提供的是一种思考的方法。数学除了开发人的思维之外，还能够提供观察问题、思考问题的方式、方法。

第三，数学是一种语言。数学语言是最为精辟、最为简练的，每一个符号都有其特定的内涵与意义。

---

① 姚云岭．美丽教育，尽在以人为本的坚守中［N］．中国教育报，2008－01－04（4）．

第四，数学是一种美。

第五，数学有利于培养一个人良好的工作习惯与态度。数学的严谨与精确，有利于培养人一丝不苟、踏实稳重的工作态度和工作作风。

（二）能力比知识更重要

能力重于知识，一直是马芯兰研究数学教育、开展数学教学改革的一个主导性认识。

马芯兰的职业生涯从小学数学起步，教学、改革实验、研究反思——她一系列丰硕成就的获得都始于小学数学教学与研究，但又不完全局限于数学领域。她的教育教学思想已然适用于各个学科。数学仍是她一生最为钟爱的学科，课堂教学是她最为关注的一个环节。关于教学观，她有自己独到的看法。

“老师讲，学生练；老师出题，学生回答”，这是传统的教学模式。这种教学模式遵循的是“教师中心论”，教师在课堂教学中处于主导地位，学生处于被动的接受地位。这种模式便于教师较好地控制课堂教学进程，有系统、有计划地完成教学任务，但却难以调动学生的积极性和主动性，不利于培养学生的创造意识、创新能力和动手操作能力。

> “我们要改革以知识积累为目的的教育，构建以学生全面发展为目标的教学模式，这是创新的需要，是时代的需要。”

马芯兰对当时的新数学大纲进行了具体、深刻的解读，在她看来，新数学大纲具有以下几个特点。

第一，改革的重点，从知识点的增减逐步调整为知识的重新组合。

> “以往的大纲和教改，更多强调的是知识传授，改革的中心是知识点的增减、调整。而新的数学大纲则一改先前的弊端，开始重视知识结构的调整和重新组合。
>
> 这充分说明，我们的义务教育、我们的新课程改革，已经逐

步向注重能力、方法、态度和情感的教育转变。

这一点，我在教学中，重视组织一个较好的知识结构，同时抓住结构中的主概念，在此基础上设计各种内容、各种形式，并且根据学生的具体情况，设计具有不同梯度、不同目的的各种训练。因为这样就把学生放在学习的主体位置上了，教师以知识为载体教给学生学习方法，培养学生创新能力，以此为目标的教学才是最有意义的。”

第二，教学目标从知识的传授向培养创新精神和实践能力转变。这一点，需要教师更新观念，用新的观点对评价方式重新加以审视，由完成性评价方式向过程性、发展性评价方式转变。这样才能保证我们的教学目标，才能保证以学生发展为本、以培养创新精神和实践能力为导向的教学观的落实。

学生学习的过程是一个建构的过程，是学习迁移的过程，是探索知识的过程，是判断推理的过程。这一过程在于让学生学会学习，学会思考，在于培养学生的创新意识。

“创新精神和实践能力只通过单纯的教师传递是不可能培养起来的，必须通过学生思维的发展方能实现。教学要注重学生主体意识的发挥，让学生切实感受、真正理解，引导、鼓励学生改变头脑中原有的知识观念，在又破又立中建立起耗散式的、活的认知结构。”

第三，全面深刻地理解加强基础知识和基本技能教学的意义。小学数学中的概念、法则、公式、性质、数量关系及其由内容而体现出来的教学方法，这些都属于基础知识范畴。当时的新大纲又一次强调数学方法是数学基础知识的重要部分，在学生掌握概念、法则、公式、性质、数量关系的同时，重视教学方法的训练。什么样的课堂设计才是训练呢？简单地说，训练大体分为两类：一是技能训练，如平时进行的口算训练；二是能力训练，属于思维能力的培养。这就需要教师对此认真地进行研究，这也是衡量一位教师教研水平的重要一点。

(三)数学知识就像一棵树

在马芯兰的眼中,小学数学中的所有知识点都不是孤立的,而是有内在联系的,这是由数学知识的本质特点决定的。

> “知识就像一棵树,是有内在联系的一个有机整体。如果孤立地把知识分成若干块,那就是灌输,哪怕他理解了,也是孤立的理解。”

1. 构建“小学数学知识网络图”

在准确把握数学知识具有严密的逻辑性、结构性和系统性的特点的基础上,马芯兰紧紧抓住小学数学中最基本、最核心的概念,摸清了小学数学知识的整体结构,绘制了“小学数学知识网络图”,如下图所示。

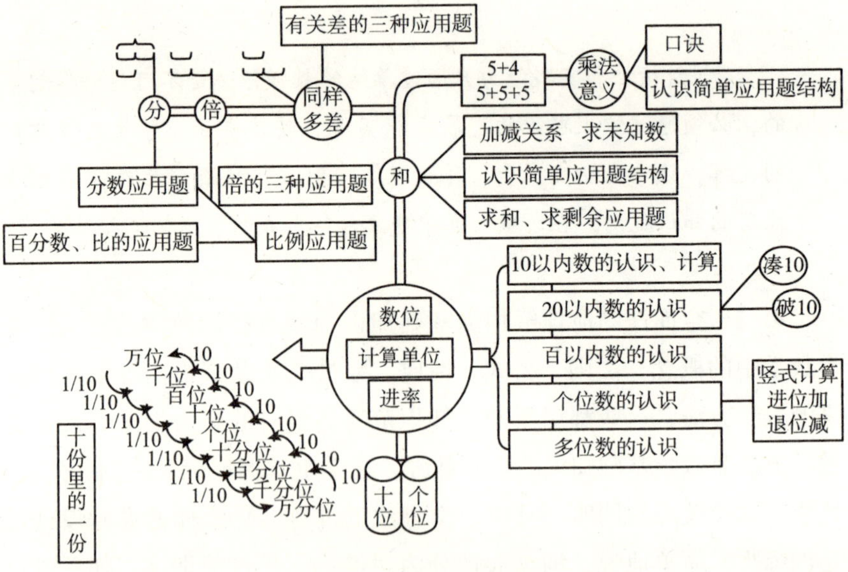

小学数学知识网络图

上页图是马芯兰构建的小学数学知识网络图的一部分内容。在整个知识网络图中，小学阶段数学中540多个大小概念全包括进来，并以十几个最基本的概念为核心，不断地派生出其他概念，从而把小学数学的主要知识整合起来。

“和”的概念是小学数学知识的核心。在学生学习“10以内数的认识”时就开始逐步建立“和”的概念。通过渗透“和”的概念，学习“10以内数的认识”、“加减法计算”、“理解加减关系”、“弄清求和、求剩余应用题结构”。当出现两个或两个以上加数都一样的时候，开始认识“相同加数”、“相同加数的个数”，进而过渡到学习“乘法意义”，以此理解乘法口诀及其意义，学习有关乘除法应用题及计算。

如此推演下去，“和”的概念将逐步推演出“同样多”、“差”、“较大数”、“较小数”、“倍”、“份”、“分数意义”、“分数应用题”、“计算”、“百分数”、“比的应用题”、“比例应用题”……

这样，以“和”的概念为核心，以十几个最基本的概念为主线，一张生动、形象而又不失深刻的“小学数学知识网络图”就展现在大家面前了。

> “比如数学就是掌握四个基本概念——‘和、差、倍、分’。和是最基本的概念。小学阶段整个抓一个‘和’字，有和就有分。在‘和、分’这两部分，就有不等和相等。每份都相等，就是特殊情况了，就有乘、除。除和减法有关系，总数除以3，那总数减3行不行？加、减、乘、除是有内在联系的。”

2. 重视最基本概念的教学

马芯兰认为，数学概念反映了现实世界的空间形式和数量关系的本质属性，是数学知识的基本细胞。没有概念，就无法构建数学的知识体系。在小学阶段诸多概念中，并不是所有的概念其地位都是平等的，而是有核心与派生、主概念与次概念之分的。有一类属于最基本的概念或原始概念，这些概念反映事物的内在联系，较其他概念而言，显得更加广泛而深刻。认知心理学在学习活动中提出“顺应”和“同化”理论，依据就在于最基本的概念概括性强。因此，在数学教学中，教师应分析数学概念间存在的逻辑关系和迁移条件，加强最基本概念的教学，并处理好与其他相关知识的关系。下面用案例来说明这一道理。为了便于理解，在教学实录中适当加以注释。

教学案例：重视最基本概念的教学①

一、课题：看图说图意

二、教学目的

（1）使学生学会看图，口述知道了什么、求什么，为学习文字应用题打基础。

（2）使学生能根据图中的数量关系，进一步理解“和”的概念，并联系加减法意义，正确列出加减法算式，初步领会加减法之间的内在联系。

（3）使学生提高观察及语言表达能力。

三、教学过程

1. 复习检查8以内加减法的口算

2. 教学蝴蝶图（图略）

师：花上有几只蝴蝶（1只），又飞来了几只（4只）？

从图中你们知道了什么，连贯地说一说。

生：花上有1只蝴蝶，又飞来了4只。

注：训练学生说话的有序性。

师：你们看老师把蝴蝶分成了几部分？

生：两部分。

师：哪两部分？

注：教师这一问把学生注意力集中到1只和4只这两部分，以强化理解部分与整体的关系。

生：一部分是花上的1只蝴蝶，另一部分是又飞来的4只蝴蝶。

师：看老师手势（两手合拢），谁能提一个问题？

生：一共有几只蝴蝶？

注：通过直观示意帮助学生理解问题的含义及两个条件与问题的关系，突出

① 马芯兰．重视最基本概念的教学［J］．湖南教育，1996（6）：34－35.

对“和”的合并意义的理解。

师：谁能完整叙述一下图意？

生：花上有1只蝴蝶，又飞来4只，共有几只蝴蝶？

师：谁会列式？

生：1+4=5。

师：一共有5只蝴蝶，我们在5的后面写上单位名称“只”，并画上括号。谁能说说式中每个数所表示的意义？

生：1表示花上的1只蝴蝶，4表示又飞来的4只蝴蝶，5表示一共有5只蝴蝶。

师：谁能结合图示说一说算式的意思？

生：一部分是花上的1只蝴蝶，另一部分是又飞来的4只蝴蝶，把这两部分合起来就是总数5只蝴蝶。

注：在理解算式的意义中深化理解“和”的概念，也就是说以运算为载体来理解“和”。

师：谁能再列一道加法算式并讲讲算式的意义？

生：4+1=5。

师：一共有几只蝴蝶？看老师用虚线把哪部分圈起来了？谁能说说图意？

注：强调一共有5只的意思是再一次唤起学生对5、4、1三个数关系的认识，即整体与部分关系的认识，促使学生悟出减法的意义，理解加减法的互逆关系。

生：一共有5只蝴蝶，飞走了4只，还剩几只？

师：怎样列式？算式中每个数的意义是什么？

生：5-4=1。一共有5只蝴蝶，把它分成两部分，一部分是飞走的4只蝴蝶，另一部分是剩下的，从总数5中去掉4这部分就是1这部分。

注：由于在教学中我们始终重视对“和”概念的教学，抓住了部分与整体的关系，因此，学生能通过迁移自己说出减法的意义。从中我们可以看出，“和”的意义是随着运算的发展而发展的。从另一个角度看，由于深化运用“和”的概念，有关的知识也就随之产生，这一点正体现了“概念教学”的作用。

师：（把虚线圈在1只蝴蝶上）请说图意，怎样求还有几只蝴蝶？

生：5-1=4。

小结：（指式子说）一部分是花上的1只蝴蝶，另一部分是又飞来的4只蝴蝶，我们把这两部分合并起来就是总数5。总数5分成了两部分，从总数5里去掉1这部分就是4这部分，从总数5里去掉4这部分就是1这部分。

注：这一层教学完成了这样几个任务：在知识的运用中理解“和”的概念；在深化理解“和”的过程中掌握加减法的意义及其互逆关系；通过对“和”的理解弄清3个有关的数量关系；渗透对简单应用题结构特征的认识。显然，这一层教学是以“和”为中心展开的。“和”就是我们所说的最基本的概念。

3. 教学金鱼图（图略）

师：图示告诉了我们什么？可以分成几部分？可以求什么？

生：一共有几条金鱼。

师：请同学们完整地说一说图意。

师：怎样列式。式中2、1、3各自表示什么意思？算式表示什么意思？

师：（出示算式3－2＝1）请同学们根据算式和图意编一道题。

生：黑金鱼和红金鱼一共有3条，有2条红金鱼，有几条黑金鱼？

师：怎样列式？说一说算式的意思。请再编一道减法题。

注：教师注意适时打破学生的思维定式，促使学生从另一个角度思考问题，主动学习新知。

小结：我们看这一组题，一部分是2，一部分是1，把这两部分合并起来是总数3。从总数3里去掉1这部分是2这部分，从总数3中去掉2这部分是1这部分。

4. 教学小兔图（图略）

师：（出示小兔图——“1只小兔在拔萝卜，又跑来3只”，及算式1＋3＝4、4－1＝3、4－3＝1）请同学们看这组算式及图示，编一组题。

师：通过前面的学习，结合这一组题目，谁来说一说整体和部分的关系？

5. 巩固练习

（1）出示苹果树图（树上有8个苹果），提问：树上有好几个苹果，老师已经摘了2个，猜一猜原来树上有几个苹果？

（2）出示梨树图（树上共有9个梨），请一个学生上台来“摘”，其余学生闭上眼睛，然后睁开眼睛数一数，上台的学生“摘”了几个梨？

3. 以生动、形象的方式帮助学生理解抽象概念

数学是抽象的，然而抽象的数学并非和形象思维完全脱离。学生形象思维的形成有助于他们更好、更容易地理解数学中的抽象概念，进而发展成抽象思维。形象思维也被称作具象思维，是人类理性思维的一种方式，是指借助形象材料、表象等具体的事物，通过对表象的加工改造（分解、组织、类比、联想、想象）进行思维。抽象

思维则是用抽象的材料（概念、数字、理论），通过形成概念、做出判断、进行推理的抽象方式进行思维。抽象思维和形象思维是人类理性认识中的两种不同方式，它们都是在实践基础上由感性认识产生。

幼儿以及小学低年级阶段的学生，其主要的思维方式是形象思维，通常借助具体的事物、直观的感知等进行思考，逐步理解一些抽象的数学概念。因此在课堂教学中，马芯兰非常注重学生形象思维的培养，借助形象直观的教具、动手操作、比一比、画一画以及具体情境等，使抽象思维外化为多种语言，帮助学生更好地理解数学中的抽象概念。下面是几个例子。

教“10 以内数的认识”时，在为学生提供丰富的感性材料的同时，引进“数位筒”来帮助学生形成、理解基本概念。教学“10 的认识”时，通过直观演示、动手操作等手段使学生切实明确个位、十位和它们之间的十进关系。

在教“整体与部分”、“较大数”、“较小数”、“份”概念时，让学生动手比画，亲自体验。

在教“20 以内数的退位减法”时，马芯兰创造了一种情境：1 捆（10 棵）零 3 棵油菜，要用两棵炒菜，只需从零散的 3 棵里拿；要用 9 棵可以先拿走零散的 3 棵，再打开 1 捆从 10 棵里拿走 6 棵。怎样就能一次拿走 9 棵油菜呢？迫使学生想出零散的不够拿，需要打开 1 捆从 10 棵里拿的方法。

在教学生理解“同时”、“相对”、“相遇”、“相向而行”等概念时，马芯兰组织学生到操场上，分成两排，两两组队，分别在操场两边迎面竞走。马芯兰喊“走”，两人同时相对行走，让学生形象理解“同时”、“相对”的意思；两人碰上时，马芯兰喊“停”，告诉学生这是“相遇”，接着让学生观察两人相遇时谁走的路程多，理解这是同一时间内两人各走的“距离”。

儿童的早期教育应该遵循“形象思维—语言—抽象思维”的路子，在大力发展儿童的形象思维的基础上丰富儿童的语言、词汇，逐步发展其抽象思维，这样才切合幼儿智力、心理发展的特点，才能充分发挥其智力潜能。①

马芯兰的这种生动、形象的教学方法切合了小学生的心理特点和认知规律，使学生掌握了算理，触摸到了规律，形成了有机的知识结构，发展了思维能力。正如马芯兰所言："学生的知识由薄到厚，再由厚到薄，即厚积薄发，而计算能力也在知识的扩展中得到培养，在知识的概括中得到提高。"

（四）以结构化、系统化的观念把握教材

数学知识的结构性和系统性，决定了教师备课必须从整体上把握教材，将某一课时的备课和教学放在某个知识模块、某个单元甚至整本教材中，把握本课时所讲解的知识和旧知识以及后续新知识的联系，确定其在整个单元知识体系中的位置，甚至在整个知识网络结构中的位置，抓准核心概念并以其为核心。这样既能巩固旧知识，又能在理解旧知识的基础上通过迁移更好地理解新知识，同时又为后续新知识的学习奠定了一定基础。

马芯兰的每一次备课和教学，都是以结构化、系统性的视野把握教材和知识体系的，突破了传统教学课与课之间、单元与单元之间、知识模块之间的孤立，通过知识的迁移，实现了数学知识的系统化，教师的教学效率和学生的学习效率都得到了提高。

下面以一年级加减法计算的教学实践论证整体把握教材的重要性。

加减法计算的基本概念是"数位"、"计数单位"和"进率"，教学时要给这些概念以核心地位并贯穿于教学的始终。例如教学"10以内数的认识"，在给学生提供丰富的感性材料的同时，引进"数位筒"使其形成基本概念。教学"10的认识"时，通过直观演示、动手操作等手段使学生明确个位、十位和它们之间的十进关系，知道1在十位表示1个十，0在个位起占位作用，10个1是1个十，1个十

① 温寒江，连瑞庆．开发右脑：发展形象思维的理论与实践［M］．杭州：浙江教育出版社，1997：19.

是10个1，为“位数”、“计数单位”、“进率”概念的建立拉开序幕。这种以“数位”、“计数单位”、“进率”为核心概念的知识结构，不仅有利于学生理解和记忆，而且有利于架起新旧知识的桥梁，为迁移奠定基础。①

马芯兰实验教材在教学加减法计算时强调对算理的讲解，其实质就是强调对“数位”、“计数单位”、“进率”等概念的运用和理解，使学生在运用中不断领悟、消化和吸收。

马芯兰这种从整体上把握教材的教学案例不胜枚举。她说：“实践证明，整体把握教材，运用迁移原理，把较好的知识结构教给学生，学生学到的知识才是纲目清楚、主次分明的，才是前后知识相互蕴含、自然推演的，学生也才能举一反三、触类旁通。这如同交给学生一把解题的金钥匙，不仅缩短大量课时，而且学生的智力和能力都得到长足的发展。”

（五）小学数学教育改革的方向

执着于教学改革的马芯兰，对我国小学数学教育教学改革的方向有着清醒的认识。她认为，我国小学数学教育教学改革应该朝着以下几个方向努力。

1. 重视学生的启蒙教育，尤其是数学启蒙教育

现实教学中，有些孩子数学考试能得到很高的分数，有些孩子的分数却很低，还有些孩子把答案甚至数学题都背了下来，但考试时仍然拿不到高分。无论是高分的还是低分的，他们的思维能力都没有得到提升。因此，小学数学教育教学改革，必须重视数学思维的启蒙教育，改变数学教师的教育观念。

---

① 温寒江．小学数学教学与创新能力培养：马芯兰教学法的研究与实践［M］．北京：北京科学技术出版社，2006：24.

2. 以知识为载体，将数学知识作为思维的材料，培养学生的数学思维能力

很多数学教师仅仅是在教给学生知识，采用“满堂灌”、“填鸭式”的教学方式，学生也只能死记硬背了。这完全违背了数学学科的本质特点和数学教育的根本宗旨。数学是一门思维科学，数学知识只是思维的载体，数学教育必须正视知识教学背后的思维能力的培养。

3. 改革数学考试评价制度

考试评价改革，一直是教育界争论的焦点之一。如何评价学生成绩的好坏，首先评价观念要改变，其次是评价方法和手段要改革。但改来改去，评价方法好像总是以考试分数作为评判标准，难以突破已有的评价制度。

三、教学、教研、科研一体化

马芯兰坚持“专业引领、同伴互助、整体发展”的校本教研与培训原则，将教学、教研、科研融为一体，并以此带动学科组、教研组的建设，借助校园网络平台组织专题讨论活动，促进了教师专业化水平的提高。

（一）充分认识教研、科研活动的重要意义

作为著名的教育家，马芯兰的成长历程展示了科研、教研的重要价值。她也很早就认识到教科研的重要意义，因此，她经常向教师们强调教科研工作对于学校发展、教师专业成长的助推作用。马芯兰认为，研究工作，尤其是立足于学校发展和实际问题的研究，具有以下几个方面的重要意义。

第一，有助于确立新的教育理念，打破落后的教育思想和观念。

思想是行动的先导，有了正确的教育思想和理念，才能产生正确的教育教学行为。尤其是在全球化浪潮下的今天，教育国际化、教育信息化已经成为必然趋势，无论是学校管理者，还是一般教师，都应该及时更新教育理念，与时俱进，方能跟上时代的步伐。开展教育研究，有助于确立现代的办学理念和教育教学思想，把握正确的方法、措施、途径。

第二，有助于解决教育教学、学校管理实践中的实际问题，提高科学育人、科学管理的水平。新课程背景下，基础教育处于转型期，在教育教学过程中必然会出现各种矛盾和问题，这就要求教师树立探究精神，开展科学研究，转变在教育教学中的角色，提升自身的职业素养，提高教书育人的水平。

第三，有助于形成学校的学术文化，提高办学品位，形成学校特色。一所学校的发展必须重视学术文化的建设，而学术文化的形成和发展，教育研究具有不可代替的作用。通过教育研究，不仅可以出科研成果，更重要的是可以增强师生员工的科研意识，提高他们的科学精神和研究能力。

第四，有助于校本培训，提高广大教师的专业水平。教师要具有精深的学科专业知识和广博的基础知识，而且要具有教育专业化的素养，具有现代教育理论的素养和创造性实践的能力。教育研究本身就是一种教师培训的有效途径，可以说是一种有效的“校本培训”。

（二）教而不研则退，研而不教则废

马芯兰认为，教学和研究是相辅相成的，是分不开的。教师若一味地埋头教学，而不对出现的问题展开研究，则他永远只是一个“教书匠”，教学水平也难以提升，“出力不讨好”，“不仅教书教不好，而且自己的职业发展也难以进步”。反之，若是脱离了教学开展研究，该研究也必将失去生命力。没有科研做支撑的教学，是没有后劲的教学；没有教学做支撑的科研，是盲目的科研。

因此，马芯兰经常要求教师要做工作、生活的“有心人”，善于发

现、捕捉问题，并对这些问题进行反思，展开研究，不断学习，并写出自己的研究心得。把研究和实际教育教学工作结合起来，以研究促进教学，以教育验证研究，二者相得益彰，共同促进教学质量的提高、教师专业发展水平的提升和学校的发展。

华东师范大学教授叶澜说："一个教师写一辈子教案不可能成为名师，但一个教师写三年教学反思就有可能成为名师。"

（三）充分发挥专家资源

在朝阳区实验小学和星河实验小学，教师们经常会遇到来自首都各大高校、研究院所的知名专家、学者，如温寒江、连瑞庆、刘国伟、王迎春、任亚芳、董素艳、徐锡祺，等等。教师们总能看到这些专家在朝阳区实验小学和星河实验小学的报告厅里做专题报告，在会议室里和教师们交流，在课堂上观摩。这些专家、学者都是被马芯兰特意邀请来指导学校的科研、教研和教学工作的。开发专家资源，借助专家的智慧，为学校的管理与发展、教师队伍建设、教育教学水平的提升、教科研工作的改进等出谋划策，一直是马芯兰"专家治校"理念的一个具体体现，也是这两所学校在马芯兰做校长时迅速腾飞的一个秘诀。

专家讲座、名师座谈的主题和范围是多种多样的，除了围绕专项课题而举办的各种讲座、研讨之外，主题涉及得很广。理论提升、实践剖析、自然与人文、前沿与传统、学科研究与全面解读、方法与技术等，都是开讲的主题。在这两所学校，教师们不用出校门就能较为全面地把握前沿成果，因此他们的视野始终是开放的，理念始终是先进的。

如朝阳区实验小学先后多次邀请北京教育学院原院长温寒江教授等专家开设《学习的思维过程》《知识的特点》《建立两种思维的新智力观》《迁移的理论》《学习与学习方式》《探究与创新》等方面的专题讲座，要求全校教师认真听讲，了解现代脑科学研究方面的前沿理论，不断更新教育观念。

（四）将学习纳入科研的工作计划中

马芯兰是位爱好学习的名师，是“终身学习”的忠实践行者。在指导学校的教科研工作中，她始终强调学习的重要性，将教师的学习纳入科研的工作计划中。

以争做研究型教师为目标，学校提出所有的教师都要不断加强学习，提高综合能力。为此，要求每位教师制订自己的读书计划，分阶段地进行读书情况总结，组织学习与研讨，并通过多种形式的活动，促进教师教学理论水平的提高。在此期间，老师们积极开展纵向教研活动，将理论学习与教学实践紧密结合，注重教学中的回顾与反思，努力用先进的教学理论指导自己的教学，以课堂为阵地，进行教学实验与理性思考，不断形成以教师为主导、学生为主体、思维训练为主线的开放式的教学模式。

（五）形式多样的教科研活动

1. 将教研和科研有机结合起来

如朝阳区实验小学结合科研课题开展教研活动，提出课堂教学要以“思维”和“习惯”为核心，培养学生的创新精神和实践能力，提高教师的综合素质。

2. 积极开展横、纵向教研活动

横、纵向教研组经常在课堂内开展教研活动，师生共同探讨，形成浓厚的教研氛围。朝阳区实验小学还开展多种形式的评优课、研讨课、会诊课和推门课等活动。此外，该校还通过网络教学，为教师提供优越的学习条件，如“凌空杯”教学展示课，就是利用网络视频，录制15分钟的教学精彩片段，上传到校园网上，将教师们参加“形象思维与学科教学研究”的阶段性成果展示出来，供大家品评与研究。

加强教研组的管理力度，使教研组在教学实践中发现问题、解决问题，特别是注重引导教师加强课后反思，将教学设计意图与课题研究的理论紧密结合。如每讲一节课，都要随时整理课后小记，有的老师还进行了录音与录像，整理自己的教学过程，然后对自己的教学进行自我评估，加强备课水平。通过反思，明确自己这节课成功在哪里，失败在哪里，是什么导致了自己的成功与失败。老师们在反思中积累了大量的教学素材，整理出有益的教学案例，提高了教学水平，为撰写学科论文提供了宝贵的第一手材料。

3. 交流研讨

在温寒江教授的指导下，朝阳区实验小学科研室组织教师结合"形象思维教育理论"、"现代信息技术与学科教学整合"、"课程改革实施中教学方式的研究"、"探究性学习"、"口语表达个性化与小学语文教学整合的实验研究"等内容开展学习与研讨。在课题的学习与研究中，学校将着力点放在有效地对学生进行基本技能与思维的训练中，培养、发展学生多方面的能力。

现代教育思想与教改经验也充分证实了发展能力就是为了高质量地培养技能，获得知识和运用知识是实现高质量教学的正确途径。为此，学校特别重视思维训练，将思维训练置于教学的核心地位，注重观察、想象、联想的训练，注重研究各学科的基本技能及训练方法，注重知识的积累与知识的迁移、内化。在课题学习中，老师们及时记录教学随笔，定期交流学习心得，展览学习笔记。以纵向教研的方式及时总结教学改革的新思路、新方法，撰写学科论文，开展学科范围内的多种学习交流活动。这些做法使得朝阳区实验小学以高质量教学和优质教育而闻名。

同时朝阳区实验小学也曾多次到育才学校、清华附小等子课题实验校学习听课，在与各校进行广泛交流与学习中，朝阳区实验小学的教育科研工作不断得以改进。近年来，在数学、语文、自然、美术、英语等学科教学中，学校承担市级研究课、观摩课、录像课 30 多节，在朝阳区做示范课、研究课百余节。

4. 组织多种教研活动

朝阳区实验小学通过开展市、区级骨干教师做“专题讲座”的活动，促进教师学习，促进科研工作的开展，促进教师教科研水平的提高，使教师逐步向科研型、学者型教师转变。如2002年10月，科研室以“教学有效性研究”为主题，开展骨干教师“专题讲座”的学习和评选活动，要求老师们结合主题，自行制订讲座内容，结合课题与教学改革的新形势、新特点，体现出教学实践的新思想、新方法，为更多的教师成长，为校、区、市级“骨干教师”、“学科带头人”创造锻炼的机会，为广大教师创设学习交流与展示的平台。老师们踊跃报名，共有11人结合学科教学进行了讲座，学校有500余人次参加了此次活动。

此外，一年一度的论文征集评选工作，也为老师们提供了广阔的空间。如科研室先后组织“深化课堂教学改革，推进素质教育”、“能力的概念、结构及其培养”的学习体会等主题征文活动，共有95人次参与论文评选，学校邀请专家、特级教师进行了评审，优秀率达到30% ~ 40%。课题组的老师们还积极参加北京市教育学会、北京市基教研中心、北京市中青会、教育研究杂志社等部门组织的征文活动。从2001年至今，在市级及市级以上的征文活动中获奖者超过200人次。特别可喜的是，学科论文在理论水平上有了显著的提高，老师们提供的选题广泛，角度比较新颖，有意识地落实素质教育的新思想，教学理念与时俱进。有些文章进行了理论方面的阐述，找到了促进教学改革与提高的落脚点和生长点，具有一定的科研意识；有些文章提出了一些教学改革中的新课题，为进行更加深入的改革与实践提供了良好的方向。

5. 开设“科研兴校”专栏

朝阳区实验小学校园网站专设“科研兴校”专栏，供教师们将获奖论文及近期研究成果与问题上传、交流，同时作为学校教育科研工作的研究成果和资源与他人分享。朝阳区实验小学的教师们深深地感受到课题研究是学校教育创新与蓬勃发展的必由之路。

四、教师发展观

21世纪，社会、经济变革已经成为一种必然趋势。在这样的大背景下，教育教学改革正在如火如荼地进行着，新的教育思想、教育理论、教育观念层出不穷，各种教学方法、教学手段等纷纷被创造出来。这一切的变化，直接影响着学校的教育教学，对教师的素质和角色提出了新的要求。新时期，尤其是在我国新课程改革的背景下，教师应然的角色是什么样子的？作为一位新世纪的优秀教师，应该具备哪些方面的素质和特征？新教师应该如何培养？在职教师应该如何进行有效的继续教育？教师的专业水平应该如何提升？这一系列问题一直存在于马芯兰的脑海中，她对这些问题做出了比较成熟、系统的思考。

课堂上的马芯兰

成功的教师必须是人性丰富、人格完善、人品高尚的人。教育是爱，这种爱越是无私，越是深厚；教育是思想，这种思想越现实，越有智慧；教育是信仰，这种信仰越是坚定，越有力量；教育是追求，这种追求越执着，越有成果。在追求理想教育的道路上，必然有思想观念的冲突，会有人际关系的矛盾，会有行动后果的危险。争创一流要有大志，如此才能成大家。马芯兰的教师发展观表现为以下几个方面。

（一）优秀教师的特征

“任何人都可以当老师”、“只要知识够用，就可以当老师”，这些看法是当今社会上相当一部分人持有的观点。其实他们所说的，是指教师职业的专业性不够强，不像医生、律师等行业需要专门系统的知识和高超的技能。但事实是否如此？马芯兰说：“不是任何人都适合做老师的，做老师是需要天赋的，尤其是要做一位‘好’老师。当老师首先要有当老师的‘材料’，就是指做一名优秀老师的‘潜质’。”

她把教师分为上、中、下三等。上等教师有自己的一套教学方法，初登讲台就能找到感觉，而且善于模仿、借鉴其他老师的做法和经验，并在模仿和借鉴中生成自己的东西，具有一定的创造性，在课堂上能够随时涌现出灵感和新知识。中等教师会模仿其他老师，但这种模仿是一板一眼的，缺乏生动与创造，其有效性比较有限。中等教师会用心去学习，学习他人，学习书本，并用心去体验，具有一定的发展空间。下等教师几乎没有自己的任何东西，就连模仿他人也非常缓慢，用时较多，或者根本就不会模仿。这样的人就不具备做老师的基本能力。

马芯兰说：“上等教师就具备了优秀教师的潜质，在专业发展上有很大的提升空间；中等教师的专业发展是有限的，但加以点拨，加上自身的努力，也能培养成为优秀教师；至于下等教师，他们就没有做老师的基本素质了。”

每年考查新聘任的教师时，尤其是刚毕业的本科生、研究生，马芯兰特别加以关注的就是他们是否具备成为优秀教师的“潜质”，从审核书面材料，到面试、试讲，始终不脱离这根“弦”。马芯兰以其几十年来练就的“火眼金睛”一一审视着这些未来的人民教师，为朝阳区实验小学和星河实验小学选拔、培养了一批批优秀的教师。那么，一名优秀的教师应具备哪些特征呢？

一是懂得学生的心理。“说话要说到孩子的心里头。”在谈起优秀教师必备的特征时，马芯兰首先强调，作为一名优秀教师首先必须了解儿童认知特点和心理发展规律，“尤其要懂得学生的心理”。学生的一句话、一个表情、一个细微的动作，都折射出学生的心理活动和心理需求。因此，教师就必须具备敏锐的洞察力，及时捕捉这些信息，及时调整自己的言行举止，这样才能达到事半功倍的教育效果。

“这就要求教师多学习心理学的知识，尤其是儿童心理学，多去研究孩子、琢磨孩子。拥有一颗童心，进行心与心之间的情感交流与智慧碰撞。

教师若是不懂点心理学，那教书育人就是外行了。要想科学地去教育学生，必须懂得学生的心理特征。

教书是对人的教育。不去了解孩子，不与他沟通，孩子就不会喜欢你，你的书也就教不好。”

在马芯兰的眼中，孩子的心灵是最纯洁的，也是最敏感的。教师对学生的态度，是全身心的爱还是表面的客气，孩子一看便知。所以，马芯兰天天和孩子们在一起，师生之间彼此心心相印、息息相关。她的喜怒哀乐学生都一清二楚，学生的一切她也一目了然。

二是具有纯洁的品格。“做老师必须要纯洁”，这是马芯兰强调的优秀教师必备的第二个特征。这里的“纯洁”有两个层面的含义：教师本人要在人品上是纯洁的，教师在职业层面上是纯洁的。

教育是以生命塑造生命、以灵魂影响灵魂、以智慧开启智慧的事业，这就决定了教师就是一个纯洁的职业，选择了做教师就等于选择了纯洁。既然选择了做教师，就要严格遵守教师的职业道德和职业操守，坚守“传道、授业、解惑”的角色和职责，坚守在三尺讲台上，将课堂、学校作为自己毕生为之耕耘的沃土。“而那些‘身在曹营心在汉’、‘这山望着那山高’，甚至把教师岗位作为职业跳板的想法和认识，是注定没有资格担负起人类灵魂的工程师的。”

在马芯兰看来，教师在人品上必须是纯洁的，必须具有纯洁的心灵。尤其是在幼儿园和小学阶段，孩子的心灵几乎是一张白纸，正是塑造美好心灵的最佳时期，孩子将来具有什么样的价值观、人生观、社会理想等，这个时期的塑造和影响非常重要。而教师对孩子的成长具有无可比拟的影响，所以教师作为人类灵魂的工程师，必须具有纯洁、高尚的灵魂。一是一，二是二，是非黑白、正确错误，都必须泾渭分明，讲究原则，来不得半点含糊，更不能让成人世界的不良习俗、所谓的“潜规则”等种种恶习污染了孩子纯洁的灵魂。只有教师本人具有纯洁的灵魂，才能培养出纯洁的新一代。

三是拥有完备的知识结构。马芯兰认为，一名优秀的教师要具有三个方面的知识，即学科专业知识、教育教学和心理知识、自然和人文综合知识。学科专业知识是指具体的某一学科的内容知识，是指教师所具有的特定的学科专业方面的知识，也就是有关教师教什么、学生学什么的知识。教育教学和心理知识是关于教育教学规律的知识，即如何教的知识，属于方法性知识。自然和人文综合知识则是比较广泛的，体现的是教师的综合素质和视野的开阔程度。

马芯兰认为，三个方面的知识在教师的身上分别体现出不同的特征。

> “学科专业知识要体现出‘专’和‘深’字，教育教学和心理知识要体现‘精’和‘活’字，自然和人文综合知识要体现出‘广’和‘博’字。对学科专业知识一定要精深，掌握本学科坚实、系统的理论体系和方法论体系，要了解本学科前沿进展情况。教育教学方法方面，一定要精妙、灵活，体现出实效性和艺术性。综合知识则要广泛、渊博，教师要博览群书，立志成为‘杂家’，如此才能在教育教学中脱口而出、信手拈来。”

从知识论的视角来看，学科专业知识是教师的本体性知识，属于教学内容范畴，解决的是“教什么”的问题，是教师胜任教育教学工作的基本保证。教育教学和心理知识是教师的条件性知识，属于教学方法论的范畴，解决的是“如何教”的问题。教师正是使用教育学和心理学的规律来思考本体性知识，“对本体性知识做出教育学和心理学的解释”①，即如何将本体性知识以学生容易理解的方式表达、传授给学生。这两种知识都是教师胜任教学工作必不可少的基本知识。

学科教学法知识依存于学科内容知识，有什么样的学科专业内容，就有什么样的学科教学法知识，学科内容知识的实现方式依赖于一定的学科教学法知识，学科教学法知识是内容知识在教学中得以落实的方法、途径和桥梁。②

（二）培养教师的综合素质

除了具有完整的知识结构和纯洁的品格之外，马芯兰还特别注重培养教师的综合素质。“教师的综合素质既是有形也是无形的东西，是内在和外在的结合，但却无时无刻不在影响着学生。教师的一言一行、只言片语、举手投足都能体现出自身的综合素质。”马芯兰说。

打造学校教育的品牌，“首先得从教师的内在素质做起，从老师的观念做起，从老师自身做起”。老师要和学生交朋友，要去沟通、要去合作，要从一言一行、一举一动中去影响学生。马芯兰提出，教师的内在素质不仅要跟上时代的步伐，而且要有一种超越精神。“因为我们面对的是孩子，在他幼小的心灵当中播下什么样的种子，就会结下什么样的果实。”老师从穿着到言行，到和学生讲话，到上课的语言、语声、语调，都是需要去改变的。打造品牌，要“从大事着眼，小处着手，从一点一滴做起”。

在提升教师综合素质方面，马芯兰提出了“三会”，即“会工作、会学习、会生活”。同时，还提出了“一人一舞一支歌”，即倡导大家能唱会跳，内强素质，外树形象。朝阳区实验小学的老师参加了一个叫作“口才艺术课”的课题，这个课题要求老师具备唱、说、跳、表演、写作等各方面的能力，通过培训、练习，提高了教师队伍

---

① 申继亮．新世纪教师角色重塑：教师发展之本［M］．北京：北京师范大学出版社，2006：42.

② 张喜萍，韩清林．中小学教师知识结构的理论研究与优化［J］．教育实践与研究，2008（2）：19－24.

的整体素质。

“每次上课，我都能够感觉到自己在充分调动每一根神经，全身的细胞都跟学生合在一起，所以我在课堂上能够感觉到每个学生分别听懂了多少。每个孩子都在和你沟通，跟你交流。我的眼神、我的手势、我的提问，都是在启发每个人在不同的层次一起走。”马芯兰说，“而要做到这一点，就要求老师必须提高自身的素质。”

马芯兰为了让所有的孩子都有一个美好的成长经历，她提倡“自小学阶段，除了有一定的基础外，要给孩子一种兴趣”。“所谓启蒙，就是要教孩子们学会思考，学会做人，学会关心他人，学会去生活，学会去学习，给学生指出一条路来，让他养成一种好的习惯。”而要做到这些，马芯兰说，“如果老师没有很深的积淀，那就不可能。”

“台上十分钟，台下十年功。”教师综合素质的形成，需要在平时加强积累，加强学习和研究，不断地更新自己的教育理念，完善知识结构，提升教学能力。马芯兰要求老师们要博览群书，要一专多能，要与时俱进地不断学习，不断地在理念、价值观等方面更新自己，不断地了解信息、了解知识、了解社会、了解时代的要求、了解我们的学生，然后再考虑如何对待孩子，这样才不会“误人子弟”。

“现在是信息社会，老师如果只是把原来在学校所学的原封不动地搬上工作岗位，是不能满足孩子们的需求的。”马芯兰还经常强调，老师的个人成长不能急功近利，“冰冻三尺非一日之寒”。写一篇文章，上一节好课，就吃一辈子，这是经不住考验的。“就跟成材的树木一样，如果它一年两年就成材，那是劈柴，要十年几十年成材，那就是真材。我们的教育事业，我们的老师，成才的时间当然越短越好，但是需要厚实的积累。”

（三）共创良好工作心境

心境是一种具有弥散性的比较微弱而持久的情绪状态，是情感和情绪的特殊形态，对人的生活、工作产生不同程度的影响。良好的心境会使人充满情趣、蓬勃向上。在这种心境中，情感、思维、心理潜能可以得到健康的发展。这种意境需要高素质的教师去营造。

从一定意义上说，教育是一项直面生命和提高生命价值的事业，要让课堂教学焕发出生命活力，教师要满腔热忱，在教育过程中给学生以学习的信心，撑起前进中的风帆。教师不要成为学习的奴隶和教材教案的奴隶，不要让“死的”教案牵制“活的”教师和学生。一位高素质的教师，必须用动态的、生成的观点，以学生学会学习、潜能得到开发及多方面发展需求得到满足为目标去研究教育教学。教师要满腔热忱地在课堂中创设民主和谐的氛围，通过尊重、信任和鼓励来提高学生的主观能动性，激发学生的学习热情。好的教师会让学生的精神脉搏与自己一起跳动。师生、生生在课堂上要形成学习的伙伴关系，教师要给学生足够的时间和空间发挥他们自身的学习潜能。各科教师的首要任务是激发学生的学习兴趣，提高学生的语言表达能力，增强学生的合作竞争意识。为此，教师要重视设计问题，注重创设问题情境，加强学法指导，在教学过程中培养学生发现规律的能力，提供多样化的思想，锻炼学生的思维逻辑能力，从而培养学生的创新能力。

（四）时代呼唤创新型教师

教师的创新精神，主要是探索求新精神，这种精神贯穿于整个教学活动中，体现了一位教师生活、工作的质量，体现了他的人格素养、精神境界。

教师肩负着培养未来建设者和接班人的重任，未成年人的大部分时间在校园内度过，学校是未成年人思想道德建设的主阵地。教书育人，育人为本；德、智、体、美，德育为先，德育工作是“重中之重”。这使马芯兰深深体会到：幼苗要靠和风细雨才会开花结果，暴风骤雨只能让幼苗夭折；优秀的教师不会因为温柔的做法而失去威信，平庸的教师也不会因为威严的批评平添威望。有人说：“不是锤的敲打，而是水的抚摩，才使鹅卵石这般光滑剔透！”其实，教育的道理就蕴含其中。所以，马芯兰认为教师要努力转变自己的角色。

“做少年儿童人生追求的引领者，用鲜活通俗的语言，用生动典型的事例，向少年儿童讲道理；

做少年儿童实践体验的组织者，用丰富多彩的活动，用真情实感的体验，让少年儿童明是非；

做少年儿童健康成长的服务者，满腔热情地关注少年儿童遇到的问题，耐心、细致地解释少年儿童出现的困惑；

做少年儿童良好成长氛围的营造者，在团结友爱的环境里培养关爱之心，在人人做主人的氛围中培养责任感，在追求美好的氛围中培育‘真、善、美’；

做少年儿童合法权益的维护者，及时反映少年儿童的意愿，竭力保护少年儿童的利益。”

教师创新意识的确立，是一场教育思想的深刻变革，涉及人才观、学生观、质量观、教学观等诸多方面。创新型教育，是充满爱的教育。爱，不仅是教师应具备的职业道德修养，而且是学生身心发展、生命成长的原动力，是生命中的一种创造性的整合力量。

（五）将师德作为师资建设的首位

1. 师德为首

教师队伍建设是一项综合性、整体性工作，师德居于其他有关教师队伍建设工作的首位。建设一支德艺双馨的教师队伍，是马芯兰打造师资队伍的一个目标。

“学生们与老师朝夕相处，老师的一举手一投足，点点滴滴都将真切地记录在学生的生命历程中。教师是未成年人的第一道德榜样，教师的一言一行是未成年人世界观、人生观、价值观形成的基石。古人云：身教重于言教。榜样的力量是无穷的。教师的言行举止无时无刻不在影响着学生。晓之以理，动之以情，导之以行，是中国教育方法的精粹，我们不但要继承，更要将其发扬光大。教育者只有时时处处做学生的表率，才能在潜移默化中培养学生形成文明的举止和高尚的人格。”

2. 坚持全面德育

学校提出“敦品、励学、达才、成德”的校训，教育师生明确做人、处世的准则与修身、治学的态度，鼓励朝阳区实验小学的学生要成为德才兼备的学生，朝阳区实验小学的教师要成为德艺双馨的教师。

马芯兰极其重视教师队伍建设，重视对人才的培养和使用，极力创造教师自我展示、交流与提高的平台。学高为师，厚德载物。学校要求每一位教师要具有高尚的职业道德、扎实的基础知识、精湛的教学艺术、出色的工作业绩；鼓励老师们不断认识自我、提高自我、完善自我、超越自我；要求教师开展批评与自我批评活动，工作中要敢于负责、善于创新，保持清醒的头脑和旺盛的斗志，具有强烈的事业心、责任感和吃苦耐劳的精神。内强素质，外树形象，自重自爱，能够在纷繁复杂的社会中迎接各种挑战。同时，学校努力完善德育网络，真正把德育作为系统工程来抓，为德育创设一个良好的内外部环境。学校工作讲求德育的整体性，坚持全员、全面、全程德育。以学校教育为核心，结合家庭教育和社会教育，充分调动和运用各种资源，整体育人，体现德育的开放性。

（六）朝阳区实验小学打造精良教师队伍的实践

马芯兰坚持“专业引领、同伴互助、整体发展”的校本教研与培训原则，将教研、科研融为一体，并以此带动学科组、横纵向教研组的建设，借助校园网络平台组织专题讨论活动，促进了教师专业化水平的提高。

马芯兰认为，教师必须树立终身学习的意识和能力，这样才能为教师专业发展注入源源不断的动力和活力。同时，教师还要立足于鲜活的教育教学实践，以生动的实践检验理论的正确性。马芯兰从理论和实践相结合的角度，为朝阳区实验小学打造出了一支理念先进、素质过硬的师资队伍。

1. 学习——立业之根本

精心制订教师发展规划，充分利用各种资源开展教师继续教育及校本教研工作，把培训与教育教学紧密结合，力求在全面提高教师整体素质的同时，提高办学效益。学校经常组织专题讲座，利用网络学习《师德启思录》。在教育科研方面，学校组织教师进行研究报告的撰写、实验课题的界定、研究方法的统筹、科学统计方法的使用等专项培训；在信息技术方面，学校组织教师对网络教学课程研究、多媒体课件制作、网络互动式课件制作等进行学习。学校培养出一支具有较强实践能力的科研骨干力量，他们在教师群体中起到了引领和辐射的作用。

为提高课堂质量，学校要求老师首先要过教材关、过课标关、过基本功关。学校请专家为老师讲解新课程标准的理念，帮助老师很好地学习新的课程标准。马芯兰曾亲自解读课程标准并写成文章放在网上供老师们学习、讨论。学校分别组织各科教师谈对教材的理解，并请专家进行指导。教师的基本功从练字抓起，数学教师练习数字的书写，语文教师练习汉字的书写，学校要求教师前一天就准备好第二天上课的板书。学校把对教师内在素质的提高作为教学工作的核心，把基本功培训与各项教学活动有机结合起来，注重实施过程。学校组织进行专业基本功竞赛和教师才艺展示，如硬笔书法比赛、板书比赛、课件比赛、教案比赛等，通过竞赛活动促进教师专业基本功的提高。

2. 实践——创新之基石

马芯兰经常鼓励青年教师带着科研的头脑走入教育教学的自由王国，让教学焕发出生命活力，形成自己的教学思想、风格。她要求教师要本着为学生负责、为事业负责的精神投入教学工作，要善于激发学生的兴趣，激活学生的思维，切实提高课堂教学效益。

（1）搭建学习交流的平台

为使每位教师迅速成长，学校坚持开展课堂评优活动，把“春华杯”、“秋实杯”评优课活动作为全面提高教师教学水平的良好契机。学校为教师提供了优越的学习条件，创设了浓厚的研究氛围，搭建了教师展示才华的舞台。如“凌空杯”教学展示课，就是利用网络，把15分钟的教学视频上传到校园网上，将教师们参加课题学习研究的阶段性成果展示出来，供大家品评与研讨。

学校还会举行示范课、研讨课、会诊课和推门课，通过形式多样的课堂教学研究活动，形成浓厚的相互切磋、共同提高的研究氛围。马芯兰会聘请语文、美术、音乐、体育、社会、信息技术等教研员指导课堂教学，在他们的指导下，老师们边实践、边思考、边积累，积极撰写学科教学论文。

（2）重视课堂教学的指导

马芯兰提出：“一个孩子对于一个老师来讲可能是1/30，但对于一个家庭来讲却是100%。所以，我们在教学过程中就要把30个1/30，转化成30个100%。”

一是校长走进课堂。马芯兰无论工作多么繁忙，每天前两节课都要走进课堂，亲自指导教学，和老师们一起研究。她鼓励青年教师用新的教育观念研究教学，如“面向全体学生”、“研究学生思维的发展”、“关注每个学生的成长”，让教学焕发出生命活力。

二是年轻干部兼课。年轻的行政领导走进课堂，担任教学工作，对这个年级教师的情况、学生的情况进行全面把握。可以说，学校领导对各个年级、各个学科的教学进度、程度以及学生的情况了如指掌，能够及时发现教师、学生存在的问题，进行监控与矫正，并促进年级组开展丰富多彩的教学活动，激发学生的求知欲望。

三是骨干教师引领。马芯兰特别重视对骨干教师的培养，千方百计为骨干教师的成长搭建平台，如骨干教师献课、骨干教师培训、骨干教师评优、名师讲座等。经过近几年有计划地培养，学校已初步形成骨干教师梯队。他们潜心于课堂教学与课题研究，通过骨干教师献课、骨干教师指导课堂教学等活动，把他们良好的教学经验传播到各个学科组。在“领导带教、骨干带教、组长带教”这样一个良好的教研氛围下，一批又一批的青年教师迅速地成长起来。

（3）开展形式多样的教研

学校除按年级成立的横向教研组外，还按照学科成立了纵向教研组。纵向教研组成员对教材做到前后联系、系统把握，对同一个知识在不同年级的呈现程度进行分析。在每周的教研活动时间，教研组成员或进行课题理论探讨，或对教学案例进行品评与斟酌，或对会诊课进行切磋与探讨。

（4）注重课后反思的作用

学校提倡备课资源共享，但备课也要体现出教师个人的创意与风格。在设计教学过程的同时，教师要结合相关理论撰写出每层的设计意图。授课后及时进行反思，有的教师把每节课的教学设问提炼出来，分析是否有系统、有梯度、有层次，分析自己的设问是否会造成学生思维的窒息。教师用录音的方式分析自己的教学症结，反思教学重点是否突破，反思教学语言是否精练，反思学生参与是否主动等。

（5）加大监控的力度

学校主要采取全面监控、分级管理的方式，加强年级组的检测力度。检测结束后，教师认真进行质量分析，从教学思想、教学方法的角度剖析自己的教学症结。由于监控到位，在朝阳区教研中心历次质量抽测中，学校成绩都名列前茅，得到家长和社会的广泛赞誉。

五、学生发展观

（一）树立全人教育观

全人教育是充分发展个人潜能以培养完整个体的教育理念与模式。全人，是真正全面发展的人、完善的人，是作为人的人，而非作为工具的人，是完美的人，而非残缺的人。马芯兰的全人教育观充分契合了我国新课程改革的理念和素质教育的要求。

马芯兰认为，学校教育不能仅仅传授给学生必要的知识，还应该帮助学生形成正确的世界观、人生观、价值观和良好的思想道德品质，培养学生良好的思维能力，使他们具备良好的心理素质和健康的体魄。学校的一切教育元素都应该着眼于促进学生的全面发展。尤其是小学教育，学生处于人生发展的起步阶段，可塑性特别强，正是奠基人生的宝贵光阴。学校必须树立全人教育观，抓住这个关键时期，集中培养青少年的价值观、道德操守、创造性思维能力、独立思考和解决问题的能力以及社会责任感。

“我们要将德育放在教育的中心位置，做好德育工作是每一个教育工作者的历史使命。小学阶段的学生在生理、心理方面发生急剧变化，在智力、记忆、思维、情绪等方面也有较大变化，尤其是思维发展具有主动性、能动性的特点，这一阶段的学生的初步分析、综合、抽象、创造能力以及批判意识、独立意识将会显著增强。与此同时，青少年时期是集中接受知识教育和品德教育的时期，是逐渐认识自身角色的时期，由于他们有强烈的好奇心和参与意识，他们能主动参与学校活动并从中受到教育启示。在这个过程中，我们应该使之获得人生的信任感、安全感、自主感、自立感……成为他们一生成长健康的起点，使学生在纷繁复杂的社会中迎接各种挑战。”

（二）以学生发展为本

“以人为本”，是科学发展观的核心理念之一，也成为对我国各行各业发展的普遍要求。教育也不例外，“以人为本”成为指导、引领我国教育事业发展的前沿理念之一。马芯兰的教育教学思想、教改思想，充分体现了以教师发展为本和以学生发展为本。

强调尊重学生，平等对待学生。为此，马芯兰以创一流教育为中心，要求教师积极变革传统的课程观、教育教学观以及学习观等，坚持“以人为本”，尊重人的独立性、主动性、首创性、合作性。

马芯兰和学生们在一起

1. 学生是课堂的主人

学生是课堂的主人，必须坚持以学生发展为中心，必须充分发挥学生的积极性和主动性，变以往的“灌输式”、“填鸭式”、“家长式”、“裁判式”的传统教学模式为以疏导、启发、自我教育为主的有效教学模式，以此来增强学生的独立意识、自主意识和民主参与意识。

要尊重学生的人格和个性，追求单位时间效率，让学生快乐活泼地接受知识。开展有效教学，要充分考虑学生的需要，区别对待不同学生的发展要求，所有因素——人、财、物、手段、方式、时间、空间、信息等，都要以学生发展为中心。

2. 思维无禁区

现代教育是一种“活”的教育，提倡儿童思维无禁区，让学生畅想、畅言，任想象而驰骋，任感情而激荡，任思绪而纵横。在这种教育氛围中，多种想法涌动、交汇，自然会碰撞出创造的火花，引发创新的潜质，同时调动学生学习的积极性，强化教育效果，解决教与学相互依存、相互配合的问题。

3. 教学相长

以学生的发展为本，要求建立新型的师生关系。教师的职能不仅是传授知识，而且要更多地创造和构建民主、平等的师生关系，使学生在人与人的关系中体验到平等、尊重、信任和友善，同时受到激励、感化和指导，通过形成积极的、丰富的人生态度和情感体验，来促进学习成果的优质和高效。

> “很多研究都证明，不平等、不融洽的师生关系，是学生学习效果难以提高的重要原因，学生许多知识智能就是被枯燥、厌烦等不良情绪消耗和弱化的。
>
> 教育需要润物细无声，创设和谐宽松的教育环境，建立尊重、理解、信任的师生关系，让学生在尝试中发展思维，培养创新精神与实践能力，使每一个学生的个性得到自由张扬，潜能得到充分发挥。”

（三）把学习还原为轻松快乐的事情

马芯兰不仅关注学生的数学学习，更关注学生在学习过程中表现出来的情感、态度以及个性发展。1966 年，马芯兰走上了人民教师的工作岗位。每当她看到学生做功课时吃力的样子、考试时紧张的神情，心情就会变得很沉重。在她看来，学生学不好的原因主要在于老师。凡是学生在学习中出现的问题，也就是老师的问题。她暗下决心，一定要把学习变成一件轻松而快乐的事情。

1. 建构知识的网络

于是，马芯兰开始琢磨怎样根据儿童的心理特点和思维发展规律突破传统教学的框框，摸索一条既能减轻学生负担，又能提高教学质量的新路子。她认真钻研大量中外小学数学教学资料，把现行小学数学教材中的重点、难点、共同点和不同点按照知识的内在联系及规律进行组合，将 540 多个概念归纳成十几个一般基本概念及“和、差、倍、分”四个重点基本概念，将 11 类应用题总结成四个基本类型，把重点基本概念和基本类型组合成教学的中心环节，从纵和横两个方面重新调整，并组合成新的知识结构。

> “教学方法是一种艺术，有一定的规律，但不是一个模子刻出来的，而且每个班每个学生都是不一样的。
>
> 每个孩子都在老师心里。一道题，每个学生掌握到什么程度，要做到心中有数，知己知彼。比如数学就是掌握四个基本概念，‘和、差、倍、分’。加减乘除是有内在联系的。这个知识挖掘透了，我就知道下一步该在哪里下功夫，许多东西就水到渠成了。”

孤立地理解知识点，不能达到融会贯通，学生就会学得僵化、教条化，也难以做到实际运用。这就会挫伤学生的学习积极性。

2. 学生是学习的主体

教学方法的改革，对学生而言只是客观条件的变化，如何才能充分调动学生的主观能动性呢？马芯兰提出：“把儿童看作是学习的主体，让儿童积极地参与数学教学活动，在活动中积极思考，从而使学生掌握学习数学的规律，培养其思维能力。”

3. 建立和谐的师生关系

马芯兰关爱每一位学生，与他们建立起民主、平等、友好的师生关系，因此赢得了孩子们的喜爱。在课堂学习中，她创设出一种愉悦和谐的学习环境，为孩子们的健康成长搭建自主、创新、发展的平台。在她的课堂上，学生乐学、善学、会学、爱学，表现出浓厚的学习兴趣与探究欲望，思维能力得到不断提高。在马芯兰的课堂里，孩子们体验并享受着童年学习生活的成功与快乐。

4. 创造生动、形象的教学法

为了让学生学得快乐、高效，在教学中，马芯兰常常能够别出心裁，屡出奇招，将抽象晦涩的内容，或者以游戏的方式，或者借助于直观的教具，或者让学生亲自动手比一比、画一画等，帮助学生理解，深入浅出，教学效果非常突出。马芯兰在教小学一年级新生数学时，想了许多新招，让学生在游戏中进入情境，大大调动了学生学习的积极性。

5. 提倡情感教学

情感是人对客观事物是否符合需要与愿望而产生的态度。人们面对大千世界总是会产生各种各样的情感，人们的各种情感又将影响人们对事物的认识和行为。在教育过程中，情感因素的作用将在很大程度上影响教学效果。在教学中，重视情感因素，积极利用情感因素强化教学效果是每位教师必须要研究的一个大问题。这需要科学地掌握学生年龄发展特点，了解学生心理、生理等方面的特征。利用情感因素不仅能培养学生良好的情感和心理素质，而且能调动学生学习的积极性，提高教学成效。在这个过程中，培养学生良好的心理素质，使其养成健康的情感。

学生课堂情绪明显地影响着学习效果。教师彼此之间教学差异往往不大，而学生成绩差异甚大，其重要原因就是教师对教学环境的重视程度不一样。创设良好、轻松的教学环境，教师要有正确的教学观，树立学生是学习主体的思想，摆正师生关系，解决教与学相互依存、相互配合的问题。

> “这就要求，园丁们要为人师表，真正成为未成年人的第一人生榜样，要学会爱与尊重，学会自律和心理减压，要不断提升自己的道德境界，也要继续培养自己的人文素质，建设、完善自己的健康人格，要吸收一切有价值的知识充实自己的心灵，要勇于承认和改正自己的过错，形成师生间相互信任和喜爱的关系，使学生对教师有亲切感。老师的目光、微笑、手势，老师的情感……都会感染学生，因此教师要把握住各学科的情感特点，提高教育效果。如，语文教材为学生展现了丰富多彩的情感世界。教师如果在教学中能充分利用情感因素，使学生情感与课文的情感产生共鸣，就会大大提高教学效果。所以，教师要调动学生喜、怒、哀、乐的多种情绪。”

（四）培养学生的综合素质

用全人教育观培养出来的学生必然是综合素质强、个性特点鲜明的人，这是马芯兰的教育理想和追求的目标。

无论是在朝阳区实验小学，还是在星河实验小学，马芯兰都通过开门办学，广泛借鉴社会教育资源，狠抓学校硬件和软件建设，增强教师队伍的内在品质和综合素质，创新各学科教学方法，开设各种兴趣班和校本课程，充分发挥学生的主体性和能动性，培养的学生都具有良好的综合素质和突出的个性特长。

在马芯兰的观点里，“我们培养出来的学生，无论从做事、交流，从方方面面的知识，都应该是高素质的”。在人的素质中，内涵丰富是最主要的质量。这个“质量”绝不单纯是以前所说的成绩，不是单一地看他某一方面的表现，“我们的要求是综合的。不仅会说，不仅会学习，不仅会实践，而且在社会方方面面的表现都是综合的，是出色的”。“老师要有老师的人格魅力，学生要有朝阳区实验小学学生的那种风范，这就是质量，这就是朝阳区实验小学的品牌！”朝阳区实验小学的学生综合素质都比较高，朗读、演小品、唱歌、跳舞等，都可以信手拈来。

（五）全员、全面、全程德育

关于未成年人思想道德建设，马芯兰有着系统化的思考，“三全”德育就是对马芯兰德育思想的概括。马芯兰认为，德为人之本，德为先，德为首。为此，马芯兰坚持德育的整体性，为德育创设一个良好的内外部环境，坚持全员、全面、全程德育。她认为，课堂是实施德育的主阵地，教师是德育的主要实施者，教师的身教重于言传，必须不断提高教师自己的道德修养。

1. 创设完善的德育网络

完善德育网络，真正把德育作为系统工程来抓，为德育创设一个良好的内外部环境，讲求德育的整体性，坚持全员、全面、全程德育。全员是指全校师生都应该是道德教育者和受教育者；全面是指德育涵盖观念、行为、心理三个系统，包括政治观点、思想境界、道德品质、行为规范、民族情感、公民意识和责任感、理想与人生、心理健康等规范化、系列化的内容；全程是指德育工作的时间与空间，它以学校教育为核心，结合家庭教育和社会教育，充分调动和运用各种资源，整体育人，体现德育的开放性。德育工作的具体内容如下。

诚信教育：以信为本是中华民族的美德，要注重培养学生信任、诚实、真实、实事求是、办事认真的品格和责任心，要培养做人的信仰以及毅力、刻苦、包容、与人为善、民族精神等。

集体教育：班集体工作要讲示范性、主题性、趣味性，要调动学生的积极性，培养学生良好的习惯。班集体工作要与人为善，要知人善用，要善于创新，要自我完善。

班主任工作：要科学化、知识化、信息化、多样化。班主任要讲表扬的艺术，要讲批评的艺术，要讲组织的艺术，要讲爱的艺术。教育从小事抓起，教育从小事落实；听到小事抓思想，看到小事抓行为，想到小事抓规范。

2. 身教重于言传

“在孩子们生活的世界里，他们纯净而幼稚的目光无时无刻不在默默注视着人生的榜样，他们敏感而丰润的心灵每每寻找着精神的家园。孩子们迈出家门，踏进校园，照亮他们心灵成长的引路人，除了父母恐怕就是老师吧！”马芯兰说。

教师是未成年人的第一道德榜样，教师的一言一行是未成年人世界观、人生观、价值观形成的基石。中华教育传统不仅讲尊师重道，还讲教学相长；不仅主张“亲其师，信其道”，也倡导“教也者，长善而救失者也”。孩子们与教师朝夕相处，老师们一举手一投足，点点滴滴都将真切地记录在他们的生命历程中。许多诺贝尔奖获得者在发表获奖演说的时候，都会情不自禁地回忆起对自己成长中影响最大的一位小学或中学老师的一件往事！可见教师对孩子品德的养成是多么的重要！

“新的教育理念已深入人心，其核心更强调‘以人为本’，强调对学生的尊重，强调平等，然而社会上也有一些‘学富五车’、‘为人师表’的老师，仍屡屡犯着羞辱学生的‘低级错误’，这不是折射出未成年人第一道德榜样的道德危机吗？”

3. 教师要不断提高自己的道德境界

中国圣贤曰：“吾日三省吾身。”西方哲人说：“唤起人的自我教育的教育，乃是一种真正的教育。”当老师们责怪孩子们自私、懒惰，责怪他们没有责任心，责怪他们不文明甚至粗俗的时候，也要反观一下自己的言行举止！

也许有的教师只是“恨铁不成钢”，也许一些极端的行为只是教师“气头”上的一时失态，但是请记住“学高为师，行为世范”是教师职业生命的主题！所谓“躬自厚而薄责于人”，就是告诉我们：教育要使学生如沐春风，不是姑息迁就犯错误的学生，而是以无穷的魅力和有素的教养促进学生健康成长。

教师必须紧密结合新的教育实践，肩负起教育未成年人的重任。从增强爱国情感做起，弘扬和培育以爱国主义为核心的伟大民族精神；从确立远大志向做起，树立和培育正确的理想信念；从规范行为习惯做起，培养良好道德品质和文明行为；从提高基本素质做起，促进未成年人的全面发展。

毕竟学校是对未成年人进行思想道德教育的主渠道、主课堂，教师要把德育工作摆在首位，贯穿于教育教学活动的全过程，并由学校向家庭辐射、向社会延伸。目前，通过对未成年人调查发现，忽视思想道德教育是学校教育的最大失误。很多教师没有充分认识“德乃为人之本”的道理，“重智轻德”的教育价值观使他们在孩子的教育上出现致命的失误。

4. 家校合作，形成德育合力

家庭教育是一切教育的基础，家庭对未成年人的思想道德教育是关系到孩子走什么路、做什么人、能否成才的关键问题。

> “现在有许多父母往往是一想到培养孩子成才，就很自然地联系到智力开发，一讲到家庭教育，认为就是盯住孩子的学习，而对于孩子如何做人的起步教育则忽略不管。要知道一个人的知识、技能可以在他成年以后再弥补，而他的思想道德品质却是要在未成年的时候养成啊！”

事实上，家庭对未成年人的道德教育有着天然的优势。从人的社会化过程来看，未成年阶段是人的品德、个性形成的重要时期。这个时期的孩子具有很强的可塑性，接受能力和模仿能力都非常强，所以也是父母对孩子进行思想道德教育的最佳时期。从家庭教育的特点来看，它融于日常生活之中，教育与生活在时间、空间、活动上往往是统一的，更容易被孩子所接受。“昔孟母，择邻处。子不学，断机杼。窦燕山，有义方。教五子，名俱扬。”古代韵文中谈及的家庭教育早已脍炙人口，可见家庭对未成年人进行道德教育比任何教育载体都更具优势，其关键就是父母要提高认识。

家长是孩子成长过程中的第一任老师，孩子认识世界，了解世界，走向社会，是在父母的指引教育下逐步开始的。家长更要转变教育观念，掌握科学方法，着力营造培养孩子良好心态、健全人格和道德修养的“第一环境”。

孩子从小崇拜父母，顺理成章，理所当然。但是，面对国际、国内环境的深刻变化，影响子女对父母评价的因素也变得纷繁复杂。比如，一些领域道德失范，诚信缺失、假冒伪劣、欺骗欺诈有所蔓延；一些成年人价值观发生扭曲，拜金主义、享乐主义、极端个人主义滋长，以权谋私等消极腐败现象屡禁不止等，也给未成年人的成长带来不可忽视的负面影响。为人父母者如果本身行不正、言不端，就必然直接影响到自己在子女心目中的形象。

> “孩子是父母的一面镜子，孩子们的高度便是家长的高度，孩子们的问题便是家长的问题。比如，当家长带着孩子初闯红灯时，老师‘绿灯行，红灯停’的教诲或许会变成‘爸爸不可以闯红灯’这样的‘良知’，当自己再闯红灯时，孩子心中‘绿灯行，红灯停’的教导或将成为记忆中的过去，代替它的是不诚实、不守规则的种子。长此以往，或如古人所说，‘良心’放逐，‘好孩子’就会变成‘坏孩子’。”

有的学生在家里不干家务，但是在学校里的值日却做得相当好；有的学生在学校里对老师很尊敬，对同学很友好，但是在家里对父母却很刻薄、无理，甚至乱发脾气。学生这种看似不拘小节的行为，实际是内心修养的一种外在表现。与在学校表现优秀、在家像个暴君的学生相比，一些学生的表现却刚好与他们相反。比如有的学生很爱惜自己家里的家具，非常注重家庭卫生，但是到了学校和其他公共场合，却随手扔垃圾、吐痰，甚至破坏公共物品。有时老师向学生家长反映问题，许多家长听完老师诉说后的第一反应是：这是我孩子干的吗？不可能！他在家那么老实，怎么可能到了学校就调皮捣蛋呢？还有的家长教育方法简单，或过于溺爱，或粗暴无理，甚至对孩子出现的问题采取“非暴力不合作”的态度。

据教育专家讲，学校和家庭教育方式不同，要求不一致是导致孩子“两面派”的原因。学生之所以会有这样或那样的表现，主要跟家长的个人生活表现有关。一些家长在谈话中不避讳孩子说一些人情世故的话以及人前一套人后一套等带来的某某好处，把孩子“熏陶”得在家里一面、在学校一面。家长可不要把这种行为看成是小事，习惯成自然。因此作为家长，万不可溺爱孩子，不仅要随时对孩子的不良行为进行提醒，还要带头做好表率，如果家长都做不好，他就无法教育孩子怎么做。任何一个行为习惯，都有一个学习的过程，只有平时注意了，才能在需要的时候短时间内找到。那么，假如人人都有良好的生活习惯，孩子们在这样的环境下成长，肯定也能养成符合社会规范需求的文明行为。

“现在的未成年人，几年十几年后就是中国特色社会主义事业的接班人，他们将承担起开创中国特色社会主义事业新局面、实现中华民族伟大复兴的历史重任。加强和改进未成年人思想道德建设，体现了‘以人为本’的思想，体现了我们党立党为公、执政为民的本质要求。让我们全社会共同携手，共同创造有利于未成年人健康成长和全面发展的良好环境！”①

六、学校管理思想

迄今为止，马芯兰倾其心血打造出了两所名校，一所是她为之奋斗四十年的北京市朝阳区实验小学，一所是她钟爱的朝阳区星河实验小学。

马芯兰从任北京市朝阳区实验小学的第一任校长开始，到2006年退休离校，苦心经营了十个年头。就是在这十年间，朝阳区实验小学从一所普通的学校迅速发展为北京市乃至全国闻名的学校，成为教育教学改革的领头兵。这十年间，植根于丰富的教育教学经验和轰轰烈烈的教改实践，马芯兰的学校管理思想逐步形成，并形成体系，凸显了人本的内核。

（一）明确的办学思想是灵魂

思想是行动的先导，人的任何实践活动都是在一定思想观念、心

---

① 共青团中央，全国少工委．关于学习贯彻《中共中央国务院关于进一步加强和改进未成年人思想道德建设的若干意见》的通知［EB/OL］．［2013－08－08］．http：//www.ccyl.org.cn/documents/z915/200705/t20070514_26525.htm.

理的支配下进行的。作为有机组织的学校，在其成长、发展的过程中，也必须有自身科学、明确的办学思想。

那么，办学思想是哪里来的？办学思想来自校长的教育思想、管理思想和对学校实际情况的客观把握。

“领导学校，首先是教育思想的领导，其次才是行政上的领导。”这是苏霍姆林斯基在多年从事校长工作的实践经验中提炼概括出来的一个十分重要的观点，也是校长管理学校客观规律的反映。如何实施教育思想上的领导呢？第一，校长必须自己要确立正确的教育思想。第二，校长要有自己的管理理想。第三，将教育思想、管理思想和学校的实际情况相结合，确立有鲜明特色的办学思想。第四，就是要善于全面正确地向教师阐述自己的办学思想，并通过多种实践途径把它转化为教师的思想。第五，要善于把自己的教育思想体现在办学的目标中，落实在管理过程行为中，重在教育实践，还要在教育实践中不断形成、强化新教育思想。

“都说校长是学校的灵魂，其实这个灵魂指的就是校长的教育思想、管理思想和办学思想。”马芯兰说。由于清楚认识到办学思想的重要性，马芯兰所在的北京市朝阳区实验小学和星河实验小学都具有符合时代特点、具有鲜明特色的办学指导思想。

1. 教书育人、育人为本，德智体美、德育为首，弘扬三种精神，树立十个意识

朝阳区实验小学坚持“教书育人、育人为本，德智体美、德育为首”的办学理念与指导思想，坚持弘扬三种精神、树立十个意识。三种精神，即“搏、韧、容”。“搏”，就是顽强拼搏的精神，为了事业而搏。不讲个人恩怨，不顾个人得失，耐得住寂寞，要淡泊名利，要光明磊落，要与人为善，不耍权术。“韧”，就是坚韧不拔不断战胜自我的精神。为了人类的伟大事业，我们需要有百折不挠的“韧”的精神。“容”，海纳百川，有容乃大。为了事业，我们要有海的胸怀，不计较个人恩怨和得失，静心、敬业，达到无私奉献的境界。

十个意识，即“中心意识、实干意识、政治意识、大局意识、服

务意识、责任意识、学习意识、创新意识、质量意识、效率意识”。建设一支思想道德水平高、教育教学能力强的教师队伍，把理论学习同解决工作中的实际问题结合起来，同改进工作方法和工作作风结合起来，同创新思维、创新意识、创新精神、创新实践结合起来，以思想观念、工作方法的改进推动教育教学工作的不断开拓前进。

2. 办特色教育，育创新人才，以德育为首，促全面发展

北京市朝阳区星河实验小学自 2006 年办学以来，就坚决贯彻落实党的教育方针，积极推进素质教育。学校坚持走“科研兴校、专家治校”的发展道路，以“敬业、爱生、严谨、创新”为治校之本，以“办特色教育，育创新型人才”为发展目标，坚持德育为首，坚持以教学为中心，努力促进学生的全面发展。

星河实验小学的校训是“博学、明德、强身、励志”。学校对每一位学生负责，使学生在德、智、体等方面得到全面发展。

（二）清晰的发展思路是方向

发展思路是在办学思想指导下的学校发展的战略选择和战略路径，是办学思想的具体化、现实化，起着承上启下的作用，对一所学校的发展至关重要。

朝阳区实验小学以成为全国一流的示范校、打造朝阳区教育品牌为发展目标，以现代教育技术带动教育教学改革，把学校逐步办成没有围墙的学校，努力达到“社会化学习”、“终身学习”的教育最佳境界。以创一流教育为中心，更新教育观念，积极推进教育现代化，努力提高办学效益，充分发挥重点学校的示范、实验和指导作用。用科学的方法研究教育的若干问题，鼓励以新的视角、新的途径和新的思路解决教育教学中的实际问题。以教育部课题“校园网络环境下学生合作学习方式的研究”为基础，开展现代信息技术与学科教学整合的研究，研究学生的自主、合作与探究性学习，探索新课程理念指导下的教育教学改革的新举措，把高质量、高效益作为教学目标，以全新

的面貌迎接知识经济时代的到来。

朝阳区星河实验小学以“办特色教育，育创新型人才”为发展目标，坚持高起点、高投入、高质量、信息化，坚持以教育教学改革，坚持德育为首，坚持以教学为中心，努力促进学生的全面发展。

（三）促进学生的全面发展是根本

朝阳区实验小学在“教书育人、育人为本，德智体美、德育为首”的办学理念与思想的指导下，提出了“敦品、励学、达才、成德”的校训，坚持把树立正确的世界观、人生观、价值观作为根本任务，教育师生明确为人处世的准则与修身、治学的态度。大力弘扬“搏、韧、容”三种精神，教育学生勤奋好学，遵守纪律，尊敬老师，助人为乐，热爱劳动，关心集体，促进未成年人形成正确的思想道德观念，提倡“以人为本”，尊重人的独立性、主动性、首创性与合作性。

1. 坚持环境育人

学校坚持环境育人。操场上现代化的校园雕塑造型别致、内涵深刻，整体造型是由书籍和钥匙组成，英文字母代表“朝阳实验”，预示学生在知识的海洋里尽情遨游，用金钥匙去开启智慧之门。楼道里挂有如“上学真福乐，读书陶心神”、“学而时习之，不亦说乎，有朋自远方来，不亦乐乎”等名言警句，使学生明白生命因读书而精彩，因创新而美丽，在书的海洋里畅游，身心愉悦；悬挂苏绣、湘绣作品，如“桂林山水”、“红梅傲雪”、“清明上河图”等，用民族文化的意蕴与内涵感召学生，影响他们，创造一种洒脱与超然的境界。教室里有国旗、校训、眼保健操等挂图，学生用柜里学习用品摆放井然有序。黑板报、宣传栏布置精心，学生的绘画、书法、工艺、习作等作品精致。在饮水房与卫生间张贴节约用水与文明卫生行为的标语，午休时间播放悠扬的民乐、西乐，音乐铃声伴学生走进校园……学校巧用心思，用整洁、优雅的校园环境熏陶感染学生，培养并陶冶他们的良好性情。

2. 培养良好习惯

学校的特点之一，是学生不断地流动，每年都要送旧迎新。从新生进校，学校就十分重视对学生的日常行为习惯进行培养，通过“我爱班集体”、“我为班级添光彩”、“我是朝实小主人”等多种形式的主题教育活动，在学生心中树立心中有祖国、心中有集体、心中有他人的意识，使学生懂得为人做事的基本道理，具备文明生活的基本素养。

学校悬挂“轻声、慢步、右行”的提示牌，培养学生良好的行为习惯，鼓励并表彰尊师爱友、尊老爱幼、讲文明、懂礼貌的学生。学习中，教师利用每一节课精心培养学生认真阅读、勤于动脑、乐于动笔的习惯，培养其勤于思考、演算严谨、独立完成作业和自觉学习等习惯。学校经常利用班队活动和课外、校外活动时间培养学生良好的生活习惯，如按时作息、坚持锻炼身体、注意卫生等。还采取“争章”、“争星”等形式，从节约粮食、水电，爱护公物，助人为乐，拾金不昧等方面鼓励学生做好事。

3. 开展多种活动

学校通过丰富多彩的教育活动转变教师教育观念，使教师逐步树立起“全人”的教育观、“主体”的教学观和科学的评价观。充分利用团支部、少先队这一阵地在青年教师中开展“志愿服务活动”，在少先队员中开展“主题教育月活动”，如“学会关心他人的活动”、“保护环境的教育活动”、“爱国主义教育活动”、“小主人文明活动”等。改变一贯的值周模式，学生通过做校长助理，学会用眼睛发现问题，及时制止不文明行为，阻止浪费现象的发生，站在学校小主人的立场去工作，充分发挥自己小主人的权利，积极履行小主人的义务。

以“大手拉小手”的形式，即大同学协助小同学做一些好事，促进学生之间的团结友爱与互相帮助，这种形式在多种教育活动中发挥了积极的作用，培养了团队精神与合作精神，如卫生扫除、文艺表演、乘车外出、参观游览等。“大手拉小手”使学校好的传统得以传承。

4. 重视心理健康教育

为了提高心理健康工作效益，学校建立了心理咨询室，聘请全体正副班主任作为心理健康咨询师。班内为每个学生设立小干部岗位，让学生人人有事干，给每个学生锻炼展示自我的机会，使学生发挥各自特长，满足不同学生的被人尊重、被别人赞赏的心理，使他们的心情愉快、身心健康。上述两种途径可以提高心理健康工作的效益。一是在学校里，班主任与学生接触最多，因此最了解学生，便于开展工作。二是学生和班主任最熟悉，在不断提高师德修养的今天，学生在学校有话最愿意对班主任说，聘请班主任作为心理健康咨询师，便于开展心理健康工作。三是时间上有保证，心理健康教育工作才有质量。师生在频繁的接触中，随时可以解决心理问题，少留隐患。四是同学之间最了解，学生的话语有利于校长了解老师，老师了解学生，学生了解学生。五是学生之间有共同语言，有共同心声，童趣相同，便于沟通。六是学生之间便于比较，更有说服力。

朝阳区实验小学心理健康咨询的方式多样：①面对面谈话交流；②日记交流；③网上交流；④电话交流；⑤家长会交流；⑥在1~6年级各班设立“校长助理”等。马芯兰认为，在一种相互信任、彼此共通的心灵作用下，学生在学校才能够更加健康、快乐地成长。

（四）加强教师队伍建设是关键

马芯兰极其重视教师队伍建设，重视对人才的培养和使用。她告诫教师要忠于职守，要有事业心，团结合作，为人师表，对工作兢兢业业，一丝不苟，以培养德智体全面发展的人为己任。

改变教师观念，树立先进教育理念。“观念是行动的先导，如果不首先改变教师的观念，任何形式的教育教学改革，其效果都将大打折扣。”马芯兰经常对教师说，“要不断完善自我，不断超越自我，不断发展自我。”马芯兰通过思想指导、理论培训、机制激励、措施保证、率先垂范，一步步地改变教师固有的教育教学观念，而代之以新的教育理念，把“改革、创新、实践”的意识变成每个教师的思想意识，变成每个教师对事业的追求，变成每个教师的自觉行动，变成领导班子共同的工作合力。

极力为教师搭建自我展示、交流与提高的平台。积极开展“骨干教师讲座”、“网络教学评优”、“学科论文评选”、“教学案例展示”、“课件制作大赛”、“卡拉 OK 演唱会”等丰富多彩的活动，促进教师之间的学习与交流、展示与竞技。

积极开展课题研究。聘请温寒江、张梅玲、陶礼光、胡孟炎、陆文举、王宝祥等多位专家到学校进行指导。在专业引领的同时，学校还引进了国家级、市区级的课题或子课题的研究项目，开展学习与研讨，组织班主任工作经验交流、班队活动展示、教师书画展览、主题队会观摩等，开设“心理咨询室”、“网上论坛”，为教师教育科研能力的提高创造了有利的条件。

（五）重视科研是学校持续发展的推动力

马芯兰说：“科研可以提高教师队伍的素质，改变教师的教育观念，提升学校的办学水平，并有助于形成自己学校的办学特色。”因此，无论是在朝阳区实验小学，还是现在的星河实验小学，马芯兰都特别重视学校的科研工作和教研工作，提出“科研强校”、“科研兴校”的发展战略。

1. 重视理论学习与实践反思

马芯兰特别重视教师的教育科研理论学习。结合科研课题的研究，她组织老师们进行系统的理论学习，阅读理论书籍，撰写学习笔记，每月检查，每个季度交流，每个学期评比。学校每月组织“科研沙龙”活动，要求教师每月撰写一篇教学反思，每两个月撰写一篇教学案例，每学期撰写一篇学科论文。在学习培训中开展实验研究，使教研、科研相结合，使课堂教学真正成为教学实验与课题研究的主要阵地，成为进行教学改革、深入开展素质教育的主要途径。

2. 重视课题研究与经验交流

2003 年 12 月经北京市教育科学规划办公室推荐、全国教育科学规划领导小组批准，朝阳区实验小学承担的“校园网络环境下学生合作学习方式的研究”课题正式立项。学校投入大量资金为每位老师购买理论学习的书籍，组织教师学习关于“合作学习”的理论，老师们还通过网络查询并下载相关内容，之后年级组进行了汇总，学校科研室将各年级的学习汇总情况进行了比较与筛选，并将评议的情况在网上公示。

马芯兰带领老师结合课题召开多次研讨会，制订出具体可行的“个人研究计划”和“课题研究方案”。在课堂教学中，老师们研究教科研方法，初步积累了网络教学的课例、课件与文本资料。一学期时间，课题组成员结合课题研究撰写研究报告、经验论文和实践总结 42 篇，在网上进行了交流，并被朝阳区教科所收录参加“信息技术与学科教学方式”的征文评选。有 17 位骨干教师参加了学校组织的以“合作学习”为内容的“名师讲座”交流活动。

老师们还结合“形象思维的理论研究与教学实验”这一课题开展教学实践活动，学习《自主·愉快·创造性地学习》《现代教育技术与小学学科教学》等理论书籍，加强形象思维训练，深入开展《观察·阅读与小学生作文》《小学数学教学与创新能力培养：马芯兰教学法的研究与实践》教育图书的编写工作，取得的研究成果得到了总课题组的赞赏，并以“学习与科研”为专题在北京八中进行了经验交流。

3. 重视科研培训与资料收集

学校科研室积极组织开展培训工作，研讨信息技术与学科整合的切入点；录制、制作学校安全工作光盘；录制、制作学校中英文版简介光盘；归类整理视频资源 60G，组织建设学校教学资源库，资源量达 80G，内容涵盖各种应用软件、音频、动画、图片、视频等资源；规划学校网站，完成平台搭建工作；建设学校 VOD 点播系统，在系统的“教学厅”里设立了“专家讲座”、“语文”、“数学”、“科任”、“课题课例”等一级栏目，为老师们提供学习和交流的平台。

学校的老师参加北京市教育学会组织的“学科教学与形象思维训练”征文活动，有53人被授予获奖证书。参加北京教育科学研究院基础教育科学研究所举办的“新课程改革与实践”教改征文活动，朝阳区实验小学有8人获一等奖，9人获二等奖，13人获三等奖。组织参加朝阳区继续教育办公室举办的“教学反思”征文，有39篇文章获奖。学校承担区级课题“小班化教学模式研究”取得了一定成果，教师撰写的小班化教学模式论文在朝阳区专题征文比赛中有11篇获奖，其中一等奖2篇，二等奖7篇，三等奖2篇。老师们还认真开展调查研究，撰写实验方案，推动新课程改革下教学模式的创新。这些材料作为学校教改研究的成果，在校园网络上供老师们学习、交流，实现资源共享。

（六）教育信息化为学校发展插上腾飞的翅膀

正如有的老师所说，马校长的观念和做法总是那么超前。马芯兰对教育信息化的认识和超前的行动，就充分证明了她超前的眼光和敏锐的意识。

早在20世纪90年代初，马芯兰就开始使用电脑，自己还学会了打字。当时她就敏锐地意识到，电脑必将成为将来人们工作、生活中不可缺少的一部分，因为电脑作为一种高科技，大大提高了人们工作和生活的效率。同时，马芯兰还了解到，电脑、网络在西方发达国家教育教学中的普及大大提高了工作效率，拓展了教育教学的功能，开阔了教师们的视野。当时马芯兰就冒出了一个想法，教师也应该学习使用电脑和网络。

2000年，北京市计算机考核改为新模块，马芯兰毫不犹豫地组织朝阳区实验小学的中青年教师利用业余时间学习理论并上机操作，并为老师们买来丰富的学习资料和练习光盘。在2000年12月北京市第一批新模块考核中，朝阳区实验小学40岁以下中青年教师全部取得A级证书。

信息技术能力已经成为朝阳区实验小学全体教师不可或缺的一个基本能力。马芯兰非常重视教师的信息技术素养，她认为21世纪的教师必须具备过硬的信息技术素养。信息技术为教师专业成长、学校发展插上腾飞的翅膀。

凭借超前的思维、果断的措施，马芯兰有计划、有步骤地对朝阳区实验小学中青年教师进行了计算机培训。几年下来，老师们从备课、写教案，到使用教学软件，再到自己制作计算机课件，都能够充分利用电脑技术和网络资源，掌握了现代教育技术和方法。全校40岁以下的中青年教师人人过关，成为朝阳区最早普及计算机辅助教学的学校。如今的朝阳区实验小学的老师们每天都有两堂“必修课”——看书和上网，这都是在马芯兰的影响下养成的。

在马芯兰看来，教育信息化不仅要充分利用网络资源，还要利用好现代化通信手段。朝阳区实验小学率先使用了北京移动提供的“校信通”业务，在教师与学生、教师与家长之间搭建了短信沟通平台。校方的提醒、通知可以在第一时间到达学生和家长手中，学生在校外的情况，教师也可以随时获得，完全实现了学校、教师和家长之间的无障碍沟通，为家校合作、形成教育合力提供了坚实的保障。马芯兰不无感慨：“如今科学技术发展得很快，远远超过了老师们观念的更新，如果老师们早点使用了‘校信通’，就能减少许多沟通环节，提高沟通的效率。”

马芯兰说：“如果说‘马芯兰教学法’利在当代，那么教育信息化就堪称功在千秋。它可以打破偏远地区自然环境的限制，合理配置教育资源，减小城乡差异，从而提高国民的整体素质。”马芯兰有了更多的使命感和责任感。

“人活着不仅是为了工作，还为了更好地生活。老师应当充分利用现代科技手段，提高学习和工作效率，节约的时间可以到国外去旅游，那是另一个层面上的学习。”马芯兰继续说道，“现在信息技术打破了人们传统的学习方式、工作方式、生活方式，留给人们更多的时间和空间。我的最终目标是打破学校的围墙，将一流的课程传输上网，即使学生不在课堂上，也可以在线观看，并且和老师进行交流。”

（七）科学管理、人本管理与民主管理相结合

1. 坚持“三结合”

马芯兰认为，坚持科学管理、人本管理与民主管理相结合，才符合教育发展的规律、学校管理的规律和学校组织的性质，才能促进学校的发展。在管理方法上，马芯兰特别注重目标管理、过程管理、层次管理、常规管理。因为目标成就未来，过程决定结果，细节影响成败，层次反映效率。

科学管理就是要尊重教育发展的规律和学校管理的规律，健全完善学校管理制度，依法治校。人本管理就是重视以人为本，充分挖掘人的潜力，尊重人的个性，注重人的发展，注重创设良好的工作环境和人际氛围，创建一个团结、民主、宽松、和谐、不内耗、比学赶帮超的工作环境。民主管理就是认真贯彻执行“三个工作意见”，充分发挥党组织的政治核心保障作用及教代会民主管理、参政议政的作用，建立民主科学的管理机制。通过健全规范的制度、机制，遵循规律，科学决策，最终提高工作质量。

管理出质量是人人皆知的道理。因需设岗、人人有责是管理的关键。根据需要分好工，权责落实，加强评价工作的力度。思想是管理者必须具备的素质，要做到“讲学习、讲政治、讲正气”，为人师表。管理者要具备干事能力，雷厉风行，做事不拖拉，不看摊、不耍滑、不偷懒，配合大局讲团结，一言一行以事业为重，人人维护班子团结，不拉帮结伙，工作要开拓务实、不断创新。管理者要有使命感，有创造能力与竞争意识，有开拓和改革能力，有奋进实干精神，有诚实可信、一心为工作的好品质，有与人合作的心理素质，珍惜时间，注重效率，有主人翁的好作风。

一个成功的管理者总是把人与人之间的关系协调得很好，只有如此，才能使努力调动起来的积极性成倍地发挥效益，而不是各自孤立，更不是互相抵消。在教学活动中，马芯兰强调全体师生和谐团结，努

力形成师生共同参与的和谐共振的激励场。她要求学校有严谨、求实、创一流的精神，开拓、进取、求发展的风貌，一流的教育环境，一流的师资队伍，一流的管理水平，一流的教学质量。

坚持以人为本的管理原则，致力于学校人文环境的建设。在全校开展多种形式的有效活动，促使全校师生树立强烈的主人翁意识。马芯兰要求每一位教职员工以高尚的职业道德、扎实的基础知识、精湛的教学艺术、出色的工作业绩，展示学校的实力；要求学生以良好的道德、健全的体魄、优异的成绩展示学校风采。

2. 采取有效的管理策略

（1）合理的管理机制

马芯兰所在学校将“科学管理流程公开化”纳入管理机制中，使各项工作管理形成纵横交错的网络，在整个网络中，每条线既有交叉，又不重复。德育、教学等行政干部组织开展网络德育工作，开展横、纵向教研活动，研讨教学反思，录制教学评优课，开展个案分析等；科研室承担课题的申报、研究等具体工作，组织各子课题实验组、横向教研组开展课题研究，参与科研沙龙，积累数据，进行实验分析，撰写案例、报告、论文等，并构建“教育科研网”这一校园网络环境。在教研组长的组织、协助下，组内教师开展教研活动，定期上传教学反思、案例，定期开展专题研讨等。这样形成了“网状的管理体系”，既做到了分工明确，各司其职，各负其责，又实现了相互协作与互补，大大提高了工作效率，形成了“1 + 1 > 2”的局面。

（2）有效的激励机制

马芯兰大力实施人才强校战略，建立起一种外部激励与内在动机相结合的激励机制，积极开展人才分析和流程设计，提出自主、创新的治学思想。鼓励教师在工作中敢于打破常规，标新立异，向传统思想和观念挑战，“思人所未思，行人所未行”，让教师形成坚韧不拔的毅力和经久不衰的热情。通过开展“校级名师”、“校级学科带头人”、“校级骨干教师”、“校级希望之星”的评选与认定工作，增加了骨干教师的责任意识，也使青年教师看到了自己的奋斗目标。学校还制定了“导师带教”制度，在网上创建“骨干教师研修专栏”，设立骨干教师、学科带头人、首席教师、校内特级教师等先锋岗，鼓励教师终身学习、开拓创新、勤于科研，争创岗位能手，充分发挥特级教师和市区级学科带头人与骨干教师的带头作用，让广大教师享受身心舒展、思想活跃、充满竞争与成功的工作心境。

（3）和谐的交流机制

为促进教育教学的开展，加强教师间的沟通与交流，马芯兰所在学校在校园网上创建“科研课题、教育与科研、学习园地、科研札记、科研沙龙、视频课例、电子档案室、教育资源库”等栏目，为教师提供丰富的学习资料；收录老师们的学科论文、教学案例、教学反思、优秀教案，供其他教师学习借鉴；“视频课例”里存放专家讲座、市区观摩课及教学精彩片段，学科覆盖率达到100%。老师们可随时登录校园网，关注学校的工作动态，聆听专家讲座，浏览学习内容，查找相关资料以及发表评论。丰富的网络资源为教师的自主发展提供了舞台，同时也促进了同伴之间的互动。“沙龙论坛”里有“党员论坛”、“网络德育”、“班主任工作”、“心理健康”等话题，科研室、教导处及德育处牵头组织，全体教师参加讨论这些话题。

（4）科学的评价机制

学校通过实施“师德工程”、“名师工程”、“青年教师塑造工程”等，引入竞争机制，建立合理的评价指标体系，设有领导评价、组内评价、家长评价、学生评价、教师自评等评价方式，科学地开展教师评价工作，为广大教职工创造事业发展、人生幸福的动态机遇。

对教师的多元评价同样也影响教师的评价观，进而影响教师对学生的评价。教育具有开发创新精神和窒息创新精神的双重力量，这种力量不但体现在对教师的评价中，同样也体现在对学生的评价中。马芯兰认为要对评价的形式、评价的手段，甚至评价中的情感、评价语言、评价内容等进行探讨，科学的评价机制要与教学改革紧密相连。

“创新意识已不仅是一种智能特征，还是一种精神状态、一种思想境界、一种人文氛围、一种宽松环境，因此在创新教育中各种评价都需要新的观念、更高的理念做指导。评价中要注重创新人格的塑造，如果一个人虽有发现问题的能力，却无提出问题的胆略和分析、解决问题的意志，那么创新也将胎死腹中。比如在教学中，常陪伴教师的一个‘好’字，它可以被说得平淡如水，让人感到有勉强应付之感，甚至感到心中一凉；它也可以被说得激情满怀，让人感到发自内心的赞赏。情绪和情感是一种内在的动机力量，直接影响学生学习，教师要有激发情绪和情感的评价措施。做好评价工作，不仅是教学水平问题、教学思想问题、教学情感问题，更是一种教师综合素养所产生的教学艺术。”

师德：

胸怀教育，传道授业

“天赐犬性，梦匆匆敦品励学，达材成德，我自耕耘四十载，朱墨春秋，传道授业，舒疑解惑。追求改革，不畏艰辛，抛弃自我，倾心执着，呕心沥血，甘苦备尝。”

这是马芯兰在一篇名为《再回首》的随笔中对自己做过的一番总结和评价，较为客观地描述了她对教育事业的无比热爱与无限执着。四十多年来，马芯兰始终如一地战斗在教育战线上，锐意改革，无私奉献，敦品励学，传道授业，达材成德，将其毕生心血和精力都贡献给祖国的教育事业。

一、谦逊的人格魅力

“我是一个追求完美的人。六十多年追求完美，还没有追求到(笑)。但是追求，不断地追求，不断地学习。同事们在工作中若遇到困难，我是有‘责任’的。孩子们遇到的困难和不足，帮助他们克服困难——他们的困难就是我的问题。我总是生活在问题之中，总是在思考，从不去埋怨，总是想办法去改变、去克服。对于具体的目标，我完成以后会有成就感，但大的目标是那种可望而不可即的完美，是永远也追求不尽的。”

（一）心胸开阔，心态平和

马芯兰的背后是她对小学数学教育的巨大贡献。从教四十余载，马芯兰获得了中国教育界的很多荣誉，然而她却是一位心胸开阔、心态平和、虚怀若谷的人。

四十多年来，采访过马芯兰的记者、报道过马芯兰的媒体、研究过马芯兰的文章非常多，就连马芯兰自己也不清楚有多少。每当记者采访她时，总会问及马芯兰曾经获得的荣誉，当他们想拜阅一下那些神圣的奖章、奖状、证书时，马芯兰却是平静地一笑置之，一个也答不上来，说这些证书都在（朝阳）区政府和学校（朝阳区实验小学）

保存着，自己手里一个也没有。马芯兰坦言道："这些荣誉我说不清，我也不愿意说这些。我就是一个普通的老师，只不过比别人幸运一些罢了。"

平和的心态，决定了马芯兰是一个比较低调的人，不愿意抛头露面，更不愿意出现在报纸、电视、网络上。"我不愿意做个明星校长，我性格上就不是那样的人，再说那样的话会占用我很多的时间，本来我的时间就不够用了。"

取得如此成就的马芯兰，自然少不了被媒体、同行追问成功的秘诀。同样，当笔者问及这个问题时，她开心地笑了："哪有什么秘诀，只不过我比别人更执着、专注一些而已。""是天时、地利、人和成就了我。"

成功的道路上，免不了荆棘遍布、磕磕绊绊，马芯兰也同样遇到过不被理解、不被支持、不配合、被误解的人和事。每每遇到这样的人和事，马芯兰就像对待获得的荣誉称号一样心态平和，不争论、不吵闹、不生气，她认为这些都是再正常不过了，是可以理解的，任何人都不可能得到所有的支持和理解。她一如既往，坚持自己的方向和目标，以实际行动和工作成就来实现自我，让他人心悦诚服。

"正确地设定一个目标，认真地感受过程，平静地对待成绩，坦然地面对失败。因为，胜利与失败、成绩与错误都是在体验生命，有了这种体验，人生才会丰富多彩，在这样的过程中才能提炼生命的价值。

为了人生大目标，工作中我们要少一点胆怯，多一点勇气，少一点自卑，多一点自信，多相信世界一点，多相信别人一点。这样才能有挑战自我的勇气和能力，才能把握机遇与挑战，给自己一个目标，让生命燃烧。

每个人的人生之路本是前面没有路，因为每个人各自只有自己的一条路，这条路只有自己去走，也只能自己去走。

在人生道路中，成功的原因其中最主要一点是既要相信自己，也要相信别人。相信自己光明磊落，相信世界是光明灿烂的。一个人最可怕的是灵魂的封闭，最绝望的状态是失去了对别人的信任和别人对你的信任。

在人生的道路上要坚信：

第一，我们要有自信，我们爱别人，我们能够把工作做好。

第二，我们拥有的一定是道德的。

第三，只有我们爱了别人，别人才爱我们。只有我们做出了好工作，我们才会有好工作。

第四，世界是美好的，我们要对世界充满信心。因为我们爱了别人，别人必然爱我们。我们做好工作，一定会被别人所承认。有人说：我爱别人，别人不爱我；我做好工作，别人不理我；任何人我都对得起，而自己却很委屈。这样的人在我们身边为数不多，但也有。这样的人是悲哀的，是痛苦的。个别人甚至把精力放在对付别人、研究别人、钻营人生上，得到的必然是人生最可悲的下场。”

马芯兰还是一位特别谦虚、知恩图报的人。

“其实我本身有很多缺点，领导都比较宽容我。人的一生有三件幸事，其中一个就是遇到好的领导，我就是遇到好的领导了。我觉得各级领导对我真是厚爱无比。”

“我今天能走到这一步，其实挺幸运的。天时、地利、人和共同造就了马芯兰。”

“……这可能就是命吧，真是傻人有傻福。”

“我觉得，六十岁以前算一个阶段，六十岁以后又是一个阶段。六十岁以后我才觉得成熟起来了。”

（二）锐意改革，勇于创新

在笔者看来，马芯兰之所以能够获得成功，其中一个很重要的原因就是她能够与时俱进，善于否定自我，不断地站在时代发展的需求和学科发展的制高点上思考问题，锐意改革，寻找学科发展的创新点。

马芯兰说："以前认为是精华的内容，现在看起来可能是糟粕；现在看来正确的东西，几年之后也许就是错误的。所以，我几十年前得出的教改经验和结论，放在现在看来有些是不合适的，需要不断改进。"

朝阳区实验小学和星河实验小学的教师都知道，马芯兰经常告诫他们，尤其是年轻教师，不要墨守成规，不要惧怕权威，要有怀疑精神，要敢于否定自己，敢于向权威挑战。

无疑，马芯兰是一位勇于否定自己、与时俱进的人。几十年的教学改革历程也充分证明了这一点。改革，在一定程度上是出于对现状的不满，后续的改革又在一定程度上是对前一次改革的完善和深入。马芯兰就是在几十年的教改历程中，不断地发现问题、解决问题，否定自己、完善自己，做到了与时俱进、精益求精。

石雷老师现任星河实验小学科研主任，与马芯兰共事十余年，是在马芯兰的一手栽培下成长起来的。他说："现在有很多所谓的科学家，发表了一两部著作成名之后，慢慢就退居幕后了，去指导自己的学生，在自己的业务领域再也没有突破了。但是马校长几十年来从没有停下过，最让人敬佩的是，她敢于否定自己。她自己经常说，那是十年前的东西，现在拿过来，很多东西是不能要的。我觉得能做到这一点是很不容易的。"

否定自我并不是件容易的事，可马芯兰却每每对自己举起"手术刀"。要做到这一点，需要一种魄力，需要一种永无止境的精神，需要有良好的心理素质和昂扬的精神状态。在教学改革的路途上总会遇到许多新情况、新问题，特别是面对自己的成果逐渐暴露的弱点，是"守摊子"还是"从零开始"，这是对每一名教师的考验。有些人一旦有了成果，就原地踏步，没有长远奋斗目标，怕冒风险，怕创新不成反而坏了自己的声誉，不求有功，但求无过。这种心态，是许多人在事业上始终不能向高层次跨越的内在制约因素。不断地否定自我、超越自我，从表面上看，是创新方法问题，而本质上，是人对自我、对工作的态度问题。

自1984年马芯兰的事迹被广泛宣传和推广以后，她总是不满足已有的成绩，仍在不断探索、不断创新。北京市教委曾编写一套以马芯兰教改经验为主体的教材，但教材刚编出来，她又有一些比教材内容更好的经验了。用她自己的话说，教育工作就是要靠一种执着精神，去一板一眼地做到底。1995年《人民教育》第5期发表了她近两万字的论文，是她近十年努力探索的新成果，许多教育界老专家称赞道："马老师精神可贵之处，在于她取得很大成绩的同时，仍不停步，积极进取。"

马芯兰是一个活到老学到老的人。四十多年来，她总是积极总结新方法、新思路，"马芯兰教学法"年年推陈出新。当电脑对于许多墨守成规的老师来说还是新鲜事物时，她已经可以自如地在网上查资料和运用电脑写作了。她很早就开始自学电脑，她要求老师也这样做。不断地挑战自己，马芯兰始终站在改革的风口浪尖上，总是不停地提出具有挑战性的目标，然后拼命地和老师干起来。她提出打造世界名校的宏伟目标，大学有"清华"，小学有"朝实"；她提出用"蓝海"战略办学，不断超越自己，集百家之长，走自己的路，竞争的对象是自己，和全校老师一起不断创新。在马芯兰的带领下，朝阳区实验小学的老师们由只能写几千字的总结发展到能够独立承担国家级课题。她带领老师走进书的海洋，带着科学的思想回到课堂，和学生一起遨游在知识的殿堂里。教学相长，实实在在地搞研究，真真切切地做教改，她带着工作中的问题去思考、去学习、去实验、去总结，不断地将教育教学改革的最新成果整合进自己的教育理念，指导学校的教育实践。四十多年来，马芯兰从来没离开过学生，没离开过课堂。她说，离开学生，离开课堂，就是宣布生命的终结。她带领教师用五年时间写出了有价值的论文集，一些理论专家惊讶地说，老师们写出这样高水平的文章，了不得！他们不知道，这些文章马芯兰和老师们修改了五年！她告诉老师们应该怎样对待工作，怎样对待生活，急功近利，大轰大嗡是办不成大事的。她说："只有老师们有了属于自己的教育体验，才能掌握属于自己的教育方法。"她提出，面对千差万变的孩子，老师们也要有千变万化的方法。她告诉老师，滴水穿石不是力量大，而是功夫深，成功的老师必须是人性丰富、人格完善、人品高尚的人。教育是挚爱，这种爱越是无私，越是深厚。教育是思想，这种思想越是现实，越有智慧。教育是信仰，这种信仰越是坚定，越有力量。教育是追求，这种追求越是执着，越有成果。在追求理想教育的道路上，必然会有思想观念的冲突，会有人际关系的矛盾，会有行动后果的危险。争创一流要有大志，有大志才能成大家，孔子、陶行知……不都是视教育为生命吗？真正留给人们的是思想，更是人格，作为教师要树立远大的人生目标，找准人生的价值，为了理想而奋斗。她提出“今天你为‘朝实’而骄傲，明天‘朝实’为你而自豪”。如今，老师们在这片沃土茁壮地成长着，学校形成和谐共振的场，优秀教师、骨干教师层出不穷。老师们在研究状态下学习、工作，数百篇论文获奖，数千人要来这所学校就读，数万人在瞩目这所学校。如今马芯兰常说的一句话就是，和谐的环境来自各级领导的关怀和支持。

（三）纯洁简单，真诚坦率

马芯兰认为，教育是良心活，校园是纯净的地方，而教师的心灵应该是纯洁而简单的。

熟悉马芯兰的人都知道，她是一位比较直率、坦荡的人，有话直说，从不拐弯抹角，有观点就表达，也从不藏着掖着。对于老师，主要是在业务上，若是某位老师在教学、管理中出现了不当，马芯兰就会直接和老师说明，并指出改进的方向。最初可能有些老师有点接受不了马芯兰这种直截了当的工作方式和态度，但慢慢地他们就会发现，这是马校长的一贯风格，就事论事，对事不对人，而且说过之后可能很快就会忘记了。逐渐地，马芯兰以自己的风格扭转了以往不良的工作作风，树立了简洁、高效的管理风格，而且这一做事风格拉近了管理人员与教师之间以及教师与教师之间的人际关系，学校凸显和谐。在朝阳区实验小学和星河实验小学，教师、管理干部以及校长之间的心理距离是很近的，普通教师可以直接和校长对话，袒露心声。

马芯兰说：“没有哪一个老师不愿意把工作做好，既然都是为了共同的目标，为何不摒弃繁文缛节，直接坦率呢？做人应该简单一些。”

和很多校长不同，作为名校的校长，马芯兰没有那么多的应酬。

一般来说，作为一校之“掌门人”，迎来送往，出入各种场合，逢年过节的应酬会占去相当一部分时间。但马芯兰不同，她的主要精力都放在了工作上，那就是她的学校管理、她的数学教学，而很少涉足与这些工作无关或者关系不大的事务。“对于人情世故，我永远都是个小学生，不会去钻营、去打点，而且从不考虑这些事情。我的心思都在教学上。”和马芯兰合作多年的同事、专家和领导，都深知她真诚坦率的特点，所以合作起来特别愉快、顺利。

马芯兰说：“人生活中最核心的支撑点是什么？是心态。有一种人做任何事情都希望得到当时的回报，这是一种自私，是一种没有远见的心态。一个急功近利的人，是没有人喜欢的，是不受欢迎的。我们要有一个正确的心态，生活中好多事情，是你的心态正确了，事情才能正确，生活才能幸福快乐。”

“现在人们常常觉得这个世界浮躁，是因为我们的心浮躁。我们觉得这个世界平庸，是因为我们的心平庸。只要改变了心态，我们的精神、我们的生活就不一样。”

（四）胸有他人，心怀感恩

马芯兰的心中，除了大部分空间装着她的学校、她的教师和学生、她的教学之外，在心灵的一角还装着那些在她奋斗的历程中曾经给予过帮助的人。或多或少，只要给予过马芯兰点滴之恩的人，她都铭记在心。领导给予的支持与关怀，专家学者给予的指点与帮助，同行给予的建议与期许，年轻教师给予的启发与反馈，甚至连学生带给她的感动，她都铭刻在心。多年过去了，有的老领导、老专家或已经退休在家，或年逾古稀，已经行动不便，但马芯兰都跟他们保持着联系，每逢过年过节，她或者亲自去看望，或者请到学校，大家欢聚一堂，畅谈今昔，或者打电话、发信息送上真诚的问候。

“只有知道感恩的人才有良心，有爱心，否则对他人的要求就会无止境。正像人们所说，‘人心不足蛇吞象’。那不是‘人之初性本恶’吗？这又说过来了，人的后天教育是很重要的，家庭教育、社会教育、学校教育造就了自身教育、每个人的觉悟和思想。为什么有的人有爱心，有的人没良心呢？这离不开教育。”

“知道感恩的人心地善良，为人正派，他的生活永远是阳光的，这叫心理健康。否则，一个人先天不足，后天失教，自己又没加强学习，他的心灵则是扭曲的，是狰狞的，是阴暗的，他的内心是永远见不得人的，是悲哀的，最后的下场是自己惩罚自己，这就是因果轮回。”

所以，感恩教育，也是马芯兰教导年轻教师、教育学生的重要内容。她认为感恩教育的目的和意义就是教导学生如何做人、做什么样的人。她时常教育学生要感谢父母、感谢教师、感谢身边的每一个伙伴。她说：“感恩，在一定意义上说是感谢他们对你的爱。打也好，骂也好，家长的一切一切都是出自对你的爱，这才产生了恩重如山。这些不是几件小事能说得清的，所以叫感恩。”

马芯兰认为，“搏、韧、容”的精神同样体现在父母身上。在孩子的成长过程中，所有的父母都应以拼搏的精神、坚韧的品质、宽容的胸怀来抚育、教化自己的子女。“父母在养育子女过程中的‘搏、韧、容’的精神，子女只有在成年或为人父母之后才能理解透。支撑一个家庭，把子女培养成人，没有‘搏’成吗？在子女成长的过程中，家长有多少包容?! 搏的精神、韧的品质、容的胸怀包含的是一个‘爱’字，爱给了他们力量，给了他们勇气，给了他们一种不屈不挠的精神。”

马芯兰同样教导教师要学会感恩、知道感恩，要感谢师长、感谢家长、感谢学生。“乌鸦反哺”、“羊羔跪乳”、“滴水之恩，当涌泉相报”、“知恩图报”、“谁言寸草心，报得三春晖”……马芯兰时常把这些词语和典故放在嘴边。

人之所以区别于一般动物，就在于人是有感情、有道德、有感恩之情、有正义和责任感的。人们常说的“孝道”、“尊师”，就是要求子女对父母、学生对老师感恩。人人都应当常怀感恩之心，感激生育你的人，感激抚养你的人，感激教育你的人，感激关怀你的人，感激帮助你的人，感激钟爱你的人。

懂得感恩，才会懂得付出，才会懂得回报。有人说善良的本质就是有一颗感恩的心。有人说一个人如果有了一颗感恩的心，他就是一个幸福的人。对于别人的帮助，哪怕是一点一滴，我们都应当心怀感恩。学会感恩、懂得感恩应当成为每个人的美德。

拥有一颗感恩的心，我们才懂得去孝敬父母。拥有一颗感恩的心，我们才懂得去尊敬师长。拥有一颗感恩的心，我们才懂得去关心、帮助他人。拥有一颗感恩的心，我们才会勤奋学习，珍爱自己。拥有一颗感恩的心，我们才能学会包容，赢得真爱，赢得友谊。拥有一颗感恩的心，我们才会拥有快乐，拥有幸福。拥有一颗感恩的心，我们才会明白事理，更快地长大，拥有一个美好的未来。

> “打造星河实验小学的品牌要有‘搏、韧、容’的精神，如此才能打造幸福、和谐的校园。幸福要从‘爱’字去寻找，幸福要从感恩出发。让我们都有一颗感恩的心，创造和谐、幸福的家园和校园。”

二、执着教育写丹心

马芯兰从1966年迈入当年的幸福村第一小学开始，就再也没有离开过课堂，没有离开过学校。三十年普通教师生涯、十四年校长生涯（其中在朝阳区实验小学十年，星河实验小学四年），风风雨雨四十余年，研究教学，指导教师，关爱学生，谋划学校发展，马芯兰在教育战线上执着奉献，将其精力都奉献给她所钟爱的教育事业，用她满腔的热情和心血书写着一个教育家的人生。

（一）每天不进课堂，我心中不踏实

马芯兰自从第一次迈上三尺讲台，就义无反顾地爱上了这个地方，

而且一爱就是几十年。站在讲台上，马芯兰有一种发自内心的神圣感。看着那一张张充满渴望的稚嫩小脸，马芯兰无比喜悦。把自己学到的知识传授给孩子们，为他们的人生奠定基础，马芯兰认为天底下再也没有比这更伟大的职业了。她的这种爱，是那样执着、那样坚定，丝毫不曾动摇过。

马芯兰的内心充满了对教育教学的激情。教师生涯开始，备课、上课、批改作业、学习、研究教学就几乎成为她生活的全部。马芯兰的想法单纯，一如她的为人和品行。“我一辈子就想做好一件事，就是当好一位老师。但目前看来，当得还不够好。”马芯兰笑着说。

马芯兰爱好上课，只要是上课，她总有用不完的精力。1980 年，马芯兰第一轮教学改革结束后，取得的显著成效使她名声大振，“马芯兰”三个字逐渐为大家熟知。因此，前来听课的同行越来越多，幸福村第一小学也随之成为教学改革的前沿阵地。这些前来听课的同行们，有的是自发的，有的是前辈同行引荐的，也有学校和上级部门安排的，对这一切，马芯兰均来者不拒。她以饱满的热情、独特的方法、生动活泼的课堂、突出的教学效果，使这些听课者大开眼界、赞不绝口。每节课都有独到创新之处，绝不雷同，现场生成的知识丰富，令同行、专家们折服。前来听课者越来越多，有时候一天下来每节课都有人听，刚送走一拨，紧接着就又来一拨。对这种高强度的“接待”工作，马芯兰丝毫不觉得辛苦，反而觉得他们的听课对自己是一种促进，使自己收获良多。

教室、讲台、课堂，成为马芯兰心目中的圣地，她每天都是早早地来到学校，走进教室。每天中午当别的老师都在休息时，她走进教室，对孩子们嘘寒问暖、答疑解惑。若遇到学生理解不了的知识点，马芯兰心中会很不踏实，一宿都睡不好，想出解决办法后，第二天一大早就往教室奔，对学生细心讲解。她每天都是很晚才回家，万家灯火之时，披星戴月往家赶，匆匆晚饭之后，就开始批改学生的作业，备课学习，边吃晚饭边看书也是常有之事。

成为朝阳区实验小学的第一任校长之后，马芯兰并没有因为管理任务繁忙而离开课堂、离开学生。她说：“课堂是教师生命的源泉，离开了课堂，教师的成长也就终止了。”为此，马芯兰发明了一种崭新的听课方式，使自己走进课堂、走进教师、走进学生，那就是“走着听课”。每天上午，只要没有重要的事情，马芯兰都会在教学楼里“走着听课”，她挨个走过每间教室，通过教室前后两个门的玻璃窗观看教师上课和学生听课的状态，一旦发现教师的教法有问题，或对知识点把握不到位，或者由学生的反应了解到学生没有听明白，马芯兰就会推门进去，走向讲台，现场讲解。马芯兰就是以这种独特、高效的方式进行听课，推门指点。

如今的马芯兰，在星河实验小学这块沃土上，仍然一如既往地在教学楼里穿行，在每一间教室的讲台上手把手地指点年轻教师。她说：“这么多年来，养成习惯了。每天不进课堂，我心中就不踏实。”

（二）让研究成为一种工作方式

马芯兰从小就爱好钻研，对问题解决有一种天生的执着和韧劲。她认为，所有的问题都值得教师去研究。教书育人无小事，任何一个细节性问题都可能影响孩子的一生，马虎轻视不得。

在日常工作中，马芯兰处处留心、时时在意，推敲教学中的每一个环节，捕捉每个学生的言行举止，发现问题后及时进行解决。观察到学生考试时的紧张状态，马芯兰感到心头沉重，为此立志要减轻学生的压力和负担，让孩子学得快乐、高效。通过研究日常教学，马芯兰发现现行教学将知识点割裂开来，逐个地教给学生，造成学生对知识的死记硬背、囫囵吞枣，知识点之间难以融会贯通。于是她开始研究教材，将小学一年级到小学六年级的数学教材整体研究了一遍，发现教材在知识结构上存在较大问题，使得教学既无效率，也不符合孩子的认知规律。于是，她将六个年级数学课本的知识点进行了整合，梳理出核心概念和派生概念，给予重新排列组合，构造出“小学数学知识网络图”。马芯兰研究教学方法，重点抓核心概念教学，以生动形象的方式将抽象概念外化，使学生容易理解。马芯兰研究孩子的心理和认知规律，自学了儿童心理学、教育心理学、形象思维和抽象思维等知识，及时把握脑科学的最新研究成果，并将其运用到实际教学中。她说："当老师的，不了解孩子的心理不行。不了解孩子，就当不好老师。""把每个孩子真正装到心里，把每个孩子都看透。"

除了开展各种研究，马芯兰还笔耕不辍，将研究的心得、体会、经验等宝贵成果变成文字，或公开发表，或公开出版。这些上百万字的研究成果，与同行、后辈分享，影响了众多年轻教师，成为他们成长道路上的精神食粮。

马芯兰爱好钻研，将教学研究和实际教育教学工作充分结合起来，完美地阐释了研究型教师和教育家的成长之路。

（三）选择了一种事业，就是选择了一种生活

马芯兰的生活是简单的，从家到学校、从学校到家，每天两点一线，课堂、教学、学生成为她生活中的主要元素，而对"家"的概念，马芯兰则关注得较少。在家和学校、亲人和学生的天平上，马芯兰永远是倾向于学校和学生的。

作为教师，马芯兰一门心思专注于教育教学和研究，对此之外的事情则较少关注。职称晋级、岗位晋升、评奖评优等这些事情，马芯兰看得很淡。当其他老师为这些事情争得不可开交时，马芯兰却沉浸在她的教学研究中，在数学教育王国里自由自在地遨游着。"我的教学问题还研究不完呢，哪有精力去做其他事情。"马芯兰笑着说，"其他乱七八糟的事情，我自然就过滤掉了。再说，争也没有用，只要把自己的事情做好就行了。"

对于人情世故，马芯兰说这是她天生的短板，自己很少考虑，也不会去钻营。"用现在的话说，我的智商不低，但情商低，不懂得去揣摩别人的心理，做事一根筋。"在为人处世上，马芯兰的原则性很强，只要不违背原则和规章制度，其他都容易沟通。这种既坚持原则又不失灵活性和人性的做法，使得和马芯兰打过交道的人都很尊敬她，他们觉得和马芯兰处事不用藏着掖着，拐弯抹角，有事直说，直奔主题。用马芯兰的话说："教育是纯洁的事业，别搞得那么复杂。"马芯兰以

她的单纯和坦率很好地诠释了“教育是纯洁事业”的理念。

马芯兰经常教育年轻教师，教育是奉献的乐土，教师是奉献的职业。既然选择了教师职业，就要安于教育事业的单纯、教师工作的简单、教师生活的单一，同时要满足于教师经济地位上的现状。“不能这山望着那山高，一辈子就要做好一件事情，就是做一个好老师。”“选择了一种事业，就是选择了一种生活。”“只要你想把工作做好，只要你按照自己的想法不断地去努力、去摸索，肯定就会有创造。”

三、教书育人——学生始终是第一位的

（一）孩子是我的命根子

马芯兰疼爱孩子、“护犊子”是出了名的，熟悉马芯兰的老师都知道她的这个特点。几个生动的例子足以说明马芯兰对孩子的爱是那样的博大、无私。

马芯兰给学生们发奖状

夏天，操场上开全体大会时，马芯兰的学生被安排在烈日下，她果断地拉起自己班的学生坐到树荫下。

上级领导来检查工作，召开全体大会，马芯兰把主席台摆在烈日下，而把学生尽量安排在树荫下。她振振有词：“大人可以晒，孩子不能晒。”

严冬，学生经常在室外做操，马芯兰就告诉家长把孩子的棉衣袖子加长，这样能遮住小手。于是，整齐的校服下面露出五颜六色的“长袖”来。

马芯兰曾经有一个学生，父亲去世后，母亲改了嫁。他的大哥17岁，二哥才9岁，他自己7岁进学校读书。由于长期无人关怀，他经常逃课，即便来到学校也常常一个人独自发呆。一次，这个孩子又没来上课，马芯兰赶到他家，看到孩子面黄肌瘦地躺在床上，一问才知道他已经两天没吃饭了。马芯兰二话没说马上给他买了面，做了饭，又从家里找来几件衣服。从此，马芯兰天天带着这个学生按时上学，学校的老师们开玩笑说：马老师成“袋鼠”了。孩子的脸上渐渐有了开朗的笑容，而且也顺利地完成了学业。

还是幸福村第一小学时，教室都是平房。马芯兰总是第一个到校，隆冬时节，天还没亮她就已经点燃蜂窝煤炉，将被寒风浸透的平房教室烧得暖暖的，等着学生们来上课。放学后，老师、学生都走了，马芯兰还在教室里批改作业，琢磨哪个孩子没听懂，明天的课怎么讲……其他老师埋怨她太不关心自家孩子，她说：“我的孩子就一个，而我的学生是一个班，家长把孩子交给我，我就得把他们照顾好。”

这样的例子举不胜举，在师生之间广为传颂。马芯兰说：“当老师一定要有爱心。我对学生的爱是发自内心的。学生冻着了，我心疼；学习不好，我着急。学生出现的所有问题我都从自己身上找原因。因为我是老师，他是学生，他的问题就是我的问题，就是我的教育没到位。他的负担重、他的学习成绩差是我的问题，我就得想办法。当初为什么要改革？就是我不愿看到我的学生学习吃力、考试紧张。”

马芯兰的无私关爱，使很多学生重新树立自信，克服各种困难，走向了新的人生。多年以后，有的学生仍就高考、结婚、成家这些问题征求马芯兰的意见。这些学生在成家立业后，心中仍然惦记着他们的马老师。

曾经有一个“老头”，每天都到朝阳区实验小学门口等人，一天他见到了马芯兰，兴奋地冲过来说：“马老师，您还认得我吗？我可想您了。”马芯兰仔细看着他，虽然四十多岁了，岁月的沧桑已经使他改变了许多，但当他说出自己的姓名后，马芯兰还是能依稀地记起他当初的模样。马芯兰记得，当初这个孩子写不好“家”这个字，她就手把手地教他。

马芯兰的“爱”永远驻在了孩子们的心中，历经风雨，久而弥坚。这种感情已经远远地超越了师生之情，马芯兰收获的是永不磨灭的“爱的丰碑”，正如她所说：“教师就像一杯茶，慢慢就品出味道来了。”

（二）不让一个孩子掉队

“不让一个孩子掉队”，是马芯兰的一个平凡而又伟大的教育理想。如今公平成为社会经济发展的主流价值取向，而教育公平是社会公平的基石。“不让一个孩子掉队”充分体现了对教育公平的追求，马芯兰一生都在践行着这个教育理想。

关于学生发展，马芯兰坚持的是全面发展观。知识学习已经不是学生发展的唯一指标，马芯兰追求的学生发展是德、智、体、美、劳的全面发展。因此，在课堂中，马芯兰不仅关注学生知识的掌握、思维的发展，还关注学生的情感体验，积极创设一种民主、平等、和谐的师生关系；并采用分层教学的方法，根据学生的能力水平因材施教。在课外活动中，采取多种形式让学生主动体验、亲自参与，锻炼学生的动手能力、组织协调能力和交往能力。学校开设多种校本课程，让学生根据自己的兴趣、爱好自主选择，培养学生的特长和个性。在学校之外，她号召家长多带孩子走进社会，参与各种社会活动，让学生了解真实的社会生活，提高社会化程度。

在教育评价方面，马芯兰采取“下保底，上不封顶”的多元评价理念，采用多元智能评价体系，充分尊重学生的个性和特长，给予学生客观、中肯、富有特色的评价，让每一位学生都能感受到教师的关注，从积极的评价中获得成长的动力。

对于成绩优秀、发展潜力较大的学生，马芯兰会给他们提出更高的目标，创设更广阔的成长空间；对学习中等的学生给予足够的重视；对那些学习有困难的学生，马芯兰就给予特别的帮扶。坚持让每一个学生都获得最大的成长，在知识、技能、态度、情感、价值观等方面都获得应有的发展，坚持“不让一个孩子掉队”。

要保证“不让一个孩子掉队”，马芯兰说教师必须修炼成一副“火眼金睛”。只有具备了这副“火眼金睛”，教师才能及时、敏锐地捕捉到学生的学习情况，及时发现问题，及时调整教学策略。多年来，马芯兰就练就了一副“火眼金睛”。

“统考时，一张张卷子发下来，学生看着自己手里的卷子，我也同时看卷子。一看那卷子我就知道，谁能得100，谁不能得100。而且不仅仅是知识上的，我看着孩子的眼神，看孩子当时的情绪，就能知道，虽然平时他总得100分，但今天可能得不了，得98、97或者95分。他往那儿一坐，一看我就知道，我可以点拨他一下，告诉他必须调整一下，否则今天得不了100分。”

不仅仅是学习上的，对于学生的身体健康状况，马芯兰的“火眼金睛”也透视得非常准确。

“学生身体不舒服，我一看就知道。我就和他说，他回家必须吃点药，要是不吃药，他肯定就得病。”

“学生有好中差之分，这是客观存在的。那你为什么就不能把学困生改变过来，让他不落后？六七岁小孩就说他落后，那就要落后一辈子。面对这些我必然要去摸索、去创造、去改革。所以，四十年了我可以自豪地说，我没让一个学生掉队。”

马芯兰知道，为了实现“不让一个学生掉队”的教育理想，还必须打造高素质的教师队伍，让这种理想成为推动教师研究学生、研究教学的动力之一。因此，马芯兰一直将教师队伍建设作为工作的重中之重。

四、关注教师专业发展

对教师的关爱与呵护，马芯兰是全方位的，从多个角度关心老师，关心老师心理上是否健康，思想上是否积极，业务上是否过硬，生活上是否顺利。教师的专业成长与发展是马芯兰首要关注的。对于教师尤其是青年教师的成长与发展，马芯兰总觉得有一份义不容辞的责任和义务。她认为，教师的专业发展应该成为学校发展中非常重要的组成部分，作为校长应该为教师搭建各种平台，提供各种机会，“海阔凭鱼跃，天高任鸟飞”，“需要多大的舞台，我们就搭多大的舞台”，从而使每一位教师都获得最大程度的发展。在日常的学校管理和师资队伍建设中，马芯兰除了给教师们提供学习、培训、进修的机会，让他们参与科研课题，参加各种教学竞赛活动、教研活动，邀请专家学者做报告之外，她还亲自指点每一位教师，把自己几十年丰富的教育教学经验倾囊相授。除了关心教师的工作和专业发展，马芯兰的心中还装着每一位教师的生活和家庭。每一位教师的婚、丧、嫁、娶等诸多家事都装在马芯兰的大脑中。

（一）手把手的指点

马芯兰除了潜心教育教学研究，还把培养青年骨干教师作为工作的重中之重。因此，只要在学校，她总要深入课堂，听青年教师讲课，然后与他们一起切磋、探讨、总结、提高。很多时候，她还要走上讲台亲自示范，毫不保留地把自己的经验传授给青年教师，进行手把手的指点。

马芯兰和年轻教师们在一起

1. “走着听课”的校长

用“走着听课”来形容马芯兰的听课方式是非常恰当的。朝阳区实验小学和星河实验小学的教师都知道，他们的马校长只要没有外出活动，几乎每天都会早早地来到学校，开始她的巡视听课。依据课程表上的安排，马芯兰有计划地走近一个个教室，靠近教室的前门，听一听上课教师的授课情况，然后透过门上的玻璃，观察一下学生的反应。一旦发现某位教师对某个知识点把握得不到位，或者教学方法不恰当，学生脸上露出迷茫不解之情，马芯兰就会毫不犹豫地推门进去，走上讲台，当场示范，给这位教师指出不足，并给出改正之法，告知应该怎么做、怎么讲解。这样的一幕曾在朝阳区实验小学日日上演，现在星河实验小学天天出现。用马芯兰的话说：“这样听课效率比较高，一上午的时间我几乎可以听到所有教师的课。”

2. 倾囊相授，授之以渔

对于指点青年教师，马芯兰心中总有一份“着急”。“我总想把我所有的经验、心得体会一股脑儿全教给他们，让他们尽快地成长起来。”马芯兰笑着说，“但我也知道，这是不可能的，也不符合教师的成长规律。”所以，马芯兰就开始研究怎么以最有效的方法指点教师专业成长，以较为简单的方法向青年教师们传授自己的经验。马芯兰只要在学校，总是深入课堂，亲自指导教学，手把手地教，亲自示范。课下，经常看到马校长与青年教师一同研究、探讨，指导老师钻研教材，精心备课，毫无保留地把自己的经验传授给青年教师。看到青年教师有进步、有成绩，马芯兰非常高兴。“校长总说一句话，需要多大的舞台，我们就搭多大的舞台，而且毫无保留。”星河实验小学的石老师说。

马芯兰对青年教师的培养，并非千篇一律。马芯兰不想把教师的手脚束缚住，而是鼓励教师们充分发扬自己的个性。拿写教案来说，马芯兰要求老师要写出自己的个性来，创造出属于自己的特点来，共性的东西则可以适当省略，把节约的时间用在钻研上。“老师工作都很主动，上下班从来不用打卡。只有主动才会感到工作中的愉快，人就应该活得轻松、愉快。”

在马芯兰的倾心培育下，朝阳区实验小学的教师们认真学习教育理论，学习先进经验，积极投身教育教学改革实践，迅速成长起来，并取得了丰硕的研究成果。市级、区级和校级骨干教师已占到专任教师的30%以上。马芯兰带领全校教师跨上了一个个教育教学改革的新台阶，耐心引导和真诚帮助一批又一批青年教师走上成才之路，为朝阳区实验小学的可持续发展奠定了厚实的师资基础。

（二）心与心的交流

马芯兰对教师全方位的关怀，充分体现了其“以人为本”的管理取向。马芯兰的关怀，不是形式化的，也不是制度化的，而是发自内心的，和教师进行的是“心与心”的交流和碰撞，是以“真心换真心”，不仅仅是领导对下属的关心，更像是一位长者对年轻后辈的关爱，是妈妈对孩子的那份细心的呵护。“妈妈老师”是朝阳区实验小学的许多青年教师对马芯兰的最亲切的称谓，“妈妈”这两个神圣的字眼，最好地诠释了马芯兰对教师们的爱。

石老师跟随在马芯兰身边已经有十余年了，马芯兰从朝阳区实验小学退休后来到星河实验小学，他也跟着过来了。用他的话说：“校长的管理思想是很人文化的，这种人文化不仅仅体现在老师过生日了，送给老师一个蛋糕和祝福。这些行为太简单了，完全可以交给工会主席或者某位干部把所有教师的生日统计下来，每月送上礼物就行。马校长是把每位教师都放在心中，亲自做这些事情，真是把每一个年轻老师都当成是自己的学生、自己的孩子一样，全力地去推动、去指引、去辅导。”

（三）全方位的关怀

对教师的家庭生活，马芯兰也会放在心中。年轻教师的婚姻，老教师居住条件的改善，教师子女的入学问题，体弱多病的教师的治疗情况等，马芯兰都清清楚楚地记在心中，经常亲力亲为，身体力行，尽最大努力为教师解决后顾之忧。“安居才能乐业，教师的后方阵地不稳定，怎么能全身心投入到教学中来呢？”

朝阳区实验小学有一位刚工作几年的年轻教师，老家是外地的，毕业后就到了朝阳区实验小学工作。他买了新房子，赶在寒假装修。马芯兰知道这件事后，没动声色，自己买了一台微波炉送给他。这位老师非常感动，真有一种雪中送炭的感觉。当时马芯兰说：“上班的时候学校有餐厅，一日三餐学校能够提供，真正假期了，得自己出去吃了，而且又赶上装修，忙前忙后的，你一个人在北京，又没有父母，没有兄弟姐妹，没有人照顾，所以送一个微波炉给你，买些东西回来，可以热一热吃。”

石老师向我们提供了他亲身经历过的一件事情。“2006 年我生病了，做了一个小手术，当时其实没觉得怎么着，就觉得休息几天最多一个星期就能上班了。我跟我爱人在同一所学校，我爱人给我打电话说，马校长要去看你，问咱家在哪儿。我说别来了，马校长工作那么忙。当时我真的不希望校长为我这件事情再分心，但是她还是来看望我了。”石雷老师说，“马校长的心思是很细的，类似这样的事情很多很多。”

不论是学校教师本身，还是教师的家庭方面，各种各样的大事小情，校长都会很关注，而且基本上都会自己去慰问，充分体现了马芯兰作为一校之长给予老师的全方位的关心与帮助。同时，马芯兰的这种关怀还体现出明显的人文化和个性化。对于不同年龄段、不同家庭背景的老师，他们在工作上、家庭生活中遇到的问题是不同的，马芯兰把这些个性因素都考虑在内，因而她的关怀也是因人而异的，总是在他们最无助、最需要帮助的时候，如同一场及时雨悄然而至。所以，马芯兰每次伸出关爱之手，老师们总是会有雪中送炭的切身感受。

在她看来，“既然教育事业需要一代一代去努力，我就应该为后边的人负责”。她愿意手把手地去培养年轻教师，甘愿化身为一粒石子、一块砖头，为他们的成长铺路搭桥。“如果我退下来以后，他们比我做得更好，我觉得应该是我盼望的，是我高兴的，这是我的愿望。如果我退下来，他们没有做好，或者不如我的话，说明我有责任，没有带出来，没有真正地帮助他们。”这种对教育、对后人的责任感，马芯兰时刻铭记在心，并脚踏实地地履行着。

朝阳区实验小学的一位教师说：“马校长在我们眼里，既是严师又是慈母，无论是在教学，还是在做人方面，马校长都深深地影响和感染着我们。”另一位教师说：“马校长真是无私奉献。她非常重视对青年教师的培养，可以说，是为我们每个青年教师的成长铺路搭桥。”一位教师这样评价马芯兰：“马老师具有高尚的人格魅力。和马老师相处15年，从她那一言一行中，时刻感到慈母的关怀、严师的教导。在这片成长的土地上，她每时每刻都在付出着、体验着、快乐着、幸福着。”另一位年轻教师说：“以前看媒体的报道，马老师给人的感觉是教学严谨、资历深厚的教育专家。但在马老师身边，最能让人感受到的是她超前的教育理念和平易近人的亲和力。她是一个和蔼可亲的长者，对待我们这些年轻老师，她是那么的慈祥和宽容。她总是以一种期待的心态，给我们各种锻炼的机会，让我们在风浪里前行。”

影响力：

教师的楷模

一、“马芯兰教学法”的推广及影响

“马芯兰教学法”是对马芯兰数学教学改革实验所取得的丰富的思想和经验的高度概括，凝结了马芯兰教育教学思想的核心和精华。取得突出成效的“马芯兰教学法”得到了各级领导、专家和同行的认可，尤其是得到了北京市、朝阳区教育行政部门的高度认可。在教育行政部门的直接推动下，作为马芯兰小学数学教学改革经验精华的“马芯兰教学法”在北京市基础教育系统得到了大范围的推广。

国家总督学顾问、中国教育学会副会长陶西平用几个“从来没有”来评价马芯兰的数学教学改革：“推广实验这么长时间历史上从来没有，推广面这么广历史上从来没有，领导这么大力度推广历史上从来没有。”

办公中的马芯兰

（一）“马芯兰教学法”的推广实验

1. 第一轮推广实验（1984—1990 年）

“八五”期间（第一轮推广实验），北京市朝阳区教育行政部门研究决定，在全区范围内推广马芯兰数学教学改革的经验，以推广实验研究的形式将马芯兰的教改经验大范围应用到朝阳区中小学校，为此专门成立了课题组，将推广实验研究命名为“马芯兰数学教学法推广实验”，并进行了初步研究。当年选择了27所学校作为实验学校，为期六年。这27所实验校不仅圆满完成了推广实验的任务，使教学质量得到提高，而且还获得了一定的推广经验。当时的推广实验课题组总结认为，“八五”期间对马芯兰数学教学法的研究不够深入，推广的面也比较小，有待进一步加大推广的力度、深度和范围。

马芯兰数学教改经验早在1984年就开始在北京市进行推广，今天，当我们重新审视这一经验时，更深切地感受到她教学思想的时代感和前瞻性。

2. 第二轮的推广实验（1995—2001年）

1995年，根据北京市教育委员会的部署，在经历了第一轮六年推广“马芯兰教学法”之后，又拉开了在全市范围内开展第二轮推广实验的序幕。

第二轮推广实验，无论是力度、深度，还是广度，都远远超越了第一轮推广实验。推广实验得到了北京市教委和各区县教委的大力支持和配合，组织宣传工作做得周到扎实。为此成立了实验领导小组，由市教委领导挂帅，下设专门课题组，负责推广实验工作的全面协调和研究工作，建立“区—学区（乡）—学校三级网络体系”。

本次推广实验研究，组织工作非常缜密、到位；实验形式层次分明，详略得当；将推广实验和研究紧密结合起来；对推广实验的过程进行全面过程监控，数据、资料收集全面；推广实验研究的结论建立在对大量数据深刻分析的基础之上，保证了结论的科学性。当年全面参与此次推广实验研究的陶晓芳老师撰写了《切实推广教改经验　大面积提高教学质量——来自〈马芯兰数学教学法推广实验研究〉的报告》，发表在《中国教育学刊》（2002年4月第2期）上，对推广实验的目标和内容、形式和过程、推广成果和研究结论进行了详细的总结和论述。

推广实验的目标和内容分为两个方面：一是在更大范围内推广“马芯兰教学法”，探索一条将马芯兰教改经验转化为广大教师实践活动、大面积提高教学质量和推进素质教育的途径与策略；二是对“马芯兰教学法”的几个基本点组织重点实验，进行深入研究。第二轮推广实验为期六年，从小学一年级滚动到小学六年级。

推广形式分为面上推广和重点实验研究两方面，将推广实验和课题研究相结合。北京市朝阳区24个学区（乡）共127所学校（其中城区81所、农村46所）所属的实验教学班，参加了这一轮推广实验。课题组确立了“三级网络”推广途径和推广策略，指导和推动面上的推广实验，以抓观念、抓教材、抓教研、抓骨干为推广策略，具体过程和做法：一是深刻领悟马芯兰教学思想，确立教学改革新理念；二是认真钻研实验课本，把握“马芯兰教学法”特色；三是开展多种教研活动，通晓“马芯兰教学法”精华；四是培养教学骨干，发挥教改带头人作用。

经过第二轮六年的逐年逐级滚动式推广实验，“马芯兰教学法”在多所学校取得了明显成效。一是教学时间显著缩短。统计结果表明，实验班六年时间共节省194个课时，即在不增加学生负担的情况下，仅用五年时间就完成了六年的教学任务。二是教学质量大面积提高。从一年级开始，朝阳区教研室每学期期末统一出题，统一制订评分标准，统一时间对参加实验的学生进行测评。统计结果表明，实验班每学年测试成绩的优良率，除五年级约为92%以外，其余均为99%，不及格仅占0.3%左右。这有力地说明，推广实验大面积提高了教学质量。三是学生思维能力普遍增强。为了考查学生思维品质的发展状况，朝阳区教研室统一出题，派专人监考，统一阅卷，以学生能否合理、灵活地运用简便方法来测评思维的敏捷性，以学生解答应用题时一题多解的数量来评价思维的灵活性，以学生解答应用题思路与方法的新颖程度来比较思维的独创性。统计结果表明，实验班的学生在思维品质方面显著优于对照班。

同时，重点实验研究也取得了较好的研究成果。一是突出概念教学，提高教学效益。以基本概念为核心的知识结构教学，既提高了学生的认知能力，又提高了教学的效率。实验班和对照班的平均分分别为97.4和85.2，相差12.2分，其差异显著。二是通过思维外化训练，提高解题能力。实验结果表明，实验班学生不论是分析数量关系、表达解题思路，还是解答应用题的求异思维能力，都明显强于对照班，且差异显著。这充分证明思维外化的多种训练，是培养学生数学解题能力的有效途径。三是通过应用题多种训练，提高解题能力。通过对学生进行应用题结构分析和思维灵活性、敏捷性、独创性的多种训练，实验班学生不仅在掌握应用题结构的能力上显著优于对照班，而且在思维的灵活性与创造性上也表现得较为突出。四是发挥实验教材特点，促进学生全面提高。在四年级的水平测试中，实验班的“双基”（基础知识和基本技能）、能力得分均高于对照班，经检验，两者都呈现出显著性差异。这说明，实验班学生的“双基”和能力均明显优于对照班。跟踪测试统计还显示，年级越高，实验班与对照班学生学习水平的差异越显著。这一事实充分说明，使用实验教材，推广“马芯兰教学法”，学生的数学学习能力普遍得到提高。五是推广“马芯兰教学法”，提高教师教学能力。结果表明，推广实验前后，基本功考核获“优”的实验教师由2人增至10人，增长率为23.5%；优良率由原来的67.4%增至82.4%；所有实验教师全部达标。在撰写论文方面，农村普通学校的教师在未参加推广实验前，只会写收获体会，而参加推广实验后则人人有论文。全区1130名实验教师中，42人成为区以上骨干教师，论文获奖164篇；198人获“岗位能手”、“优秀教师”称号；303人晋升为小学高级教师，其中11人得到破格晋升。这充分说明，学习、推广“马芯兰教学法”，广大实验教师在教育观念、教学理论水平和驾驭课堂等方面，都有了长足的进步。

推广实验得出的客观结论，充分印证了“马芯兰教学法”的科学性和先进性，同时表明了“马芯兰教学法”可以大面积推广。

3. 北京市教育系统开展向马芯兰学习的活动

教学改革得到了北京市和朝阳区教育行政部门领导的充分肯定和重视。北京市教育行政部门曾经两度发起向马芯兰学习的号召。

1984年秋，北京市教育局发出《关于向马芯兰同志学习的通知》。通知中指出，马芯兰同志自1967年走向小学教师工作岗位以来，一直热爱教育事业，刻苦钻研业务，从1977年起，特别是1980年以来，她在小学数学教学中，按照儿童的认识规律，进行了教材教法的改革，创造了新的数学教学法，较好地解决了学生课业负担过重的问题，促进了学生德、智、体全面发展，为小学数学改革做出了贡献。

1994年，北京市教育系统又一次号召广大教育工作者向马芯兰学习。《人民教育》（1994年第10期）刊发了《北京市开展向马芯兰张明珠同志学习活动》一文。①

北京市开展向马芯兰张明珠同志学习活动

马芯兰同志是朝阳区幸福村中心小学副校长，她从1966年从事教育工作，在小学教学、教材、教法改革中，创造了“以开发学生智力，减轻学生负担，提高教学质量”为目标的教学经验，被市教育局命名为“马芯兰教学法”，为全市、全国小学教学改革做出了突出的贡献。她曾被评为市优秀教育工作者、有突出贡献的专家、“三八”红旗手、少年儿童先进工作者、优秀班主任、特级教师、特等劳动模范、北京共产党员“十杰”之一，荣获北京市“人民教师”奖和五一劳动奖章。

……

马芯兰、张明珠同志几十年如一日，把自己的一片忠心献给祖国、献给社会主义，把一片诚心献给教育事业，把一片爱心献给学生，把一片热心献给同志。她们认真学习马列主义、毛泽东思想和建设有中国特色社会主义理论，敬业爱业；她们对教学工作精益求精，认真学习现代教育理论，坚持进行课堂教学改革，注意培养学生的学习兴趣，赢得师生的好评；她们热爱学生，尊重、理解学生，关心学生的成长，注重培养学生自尊、自爱、自强和进取、创新精神，以高尚的师德受到师生

① 佚名．北京市开展向马芯兰张明珠同志学习活动［J］．人民教育，1994（10）：39.

的信赖；她们关心同志，尊重、爱护、帮助青年教师，使青年教师健康成长。她们是优秀共产党员的杰出代表，是广大教育工作者学习的榜样。

通知说，在迎接第十个教师节的时候，市委教育工委、市政府文教办、市教育局、市教育工会决定：在全市普教系统共产党员、教职工中广泛深入地开展向马芯兰、张明珠两位同志学习的活动，要以她们为榜样，学习她们坚定的共产主义信念；学习她们对党、对社会主义祖国、对教育事业的无限忠诚；学习她们锐意改革、开拓进取的革命精神；学习她们兢兢业业、无私奉献、奋力拼搏的工作态度；学习她们热爱学生、教书育人、为人师表，促进学生在德、智、体诸方面全面发展的高尚师德。

通知指出，开展向马芯兰、张明珠同志学习的活动，对北京市普教系统认真贯彻落实《中国教育改革和发展纲要》《教师法》和全国、全市教育工作会议精神，全面提高教师队伍素质，加强师德建设，培养社会主义建设者和接班人具有重要意义。要结合实际，将学习马芯兰、张明珠的活动扎扎实实地开展起来，并不断引向深入。通过开展这一活动，促进普教系统进一步加强社会主义精神文明建设，全面提高教师队伍素质，保证高标准实施教育纲要，推动北京市普教工作再上新台阶。

（二）“马芯兰教学法”在全国的影响

马芯兰数学教学改革经验的推广，使得实验学校的教学质量显著提高，参与实验的教师从中受益匪浅，专业发展水平迅速提升，成千上万的学生因此受益。同时，马芯兰的教改实验也引起全国小学数学界的关注，她的名声也早已走出了北京，走向了全国。全国各地的学校纷纷前来学习、取经。当年的幸福村中心小学因为马芯兰而名声大振，接待了一批又一批的学习者。这些学校经过认真学习之后，纷纷将马芯兰的教改经验落实到自己的数学教学中，成为“马芯兰教学法”

的实验基地。据不完全统计，在1994年左右，全国有24个省市的2000余所学校在学习马芯兰教改经验，并取得了明显成效。

二、著书立说

几十年来，马芯兰笔耕不辍，“活到老，学到老，写到老”，研究成果十分丰富。其主持和参与的研究项目很多，其学术专著和发表的学术论文也非常多。这些凝结了马芯兰心血、汗水和智慧的累累硕果，广为传播，使无数的中青年教师受益，成为促进他们专业成长的精神食粮，成为我国教育思想宝库中的重要组成部分。

（一）开展研究，乐于革新

马芯兰是一位名副其实的“研究型”教师和校长。在日常的教学和管理工作中，她非常重视研究，把研究作为提升教学水平和技能、促进自身成长和学校发展的助推剂。“教而不研则退，研而不教则废”是她一贯的理念。同时，她还是乐于接受新事物、善于改革的人，开展科学研究成为她进行各项改革的基础，将改革建立在科学的研究基础之上，确保改革的科学性和前瞻性。马芯兰重视教育科学研究的做法，深深地影响了她身边的每一位教师，成为“研究型”教师、科研兴校是每一位教师和管理干部达成的共识。

1. 使研究成为教师的共识

自主研究是马芯兰走向研究之路的第一步。早在她入职的第一个十年，即“文化大革命”期间，马芯兰就琢磨怎么把学生吸引到课堂中来，使学生能够学到一定的知识，不至于完全荒废时间。“讲故事”的教学方法就是马芯兰在这个非常时期创造出来的。

马芯兰数学教学改革在一定程度上也是建立在对现行教法、教材、学生学习状况研究的基础之上，这使教改在起步之初就具备科学性。

马芯兰经常告诫教师们要做日常教育教学工作的“有心人”，多注意观察身边发生的事情和出现的问题，以研究的态度和方法寻求解决之道，而不能总是以惯常的思维和直觉经验式的方法去解决问题。在马芯兰的谆谆教导和亲力亲为的影响下，朝阳区实验小学和星河实验小学教育教学研究蔚然成风，教师的研究意识和研究素养得到了大幅度提升。

2. 为教师和学校发展争取研究的机会

马芯兰积极开展课题研究，并为教师争取发展的机会，把研究作为历练教师、促进学校发展的平台。除了各种校本研究之外，马芯兰还积极申请区级、市级和国家级的科研课题，同时还作为实验学校积极参与由知名专家主持的大型课题研究。

在“十五”期间，马芯兰任校长的朝阳区实验小学独自承担的全国教育科学规划课题“校园网络环境下学生合作学习方式研究”顺利结题，撰写的研究报告在《北京教育学院学报》上发表，并编写出版子课题研究报告集。“十一五”期间，朝阳区实验小学自行申报并立项了国家级、市级、区级课题 3 个：中国教育学会“网络环境下开放性教学策略研究”，北京市教育科学规划办公室“数字化校园环境中校本教研方式研究”，朝阳区教育科学研究所“开辟低年级识字教学有效通道的研究”；作为实验学校参加过多项课题研究：北京市哲学社会科学“十一五”规划“学习中思维的全面协调与可持续性发展研究”子课题，中央教育科学研究所（现为中国教育科学研究院）“综合实践活动课程资源的开发与有效利用研究”子课题，北京教育科学研究院基础教育教学研究中心“做中学”项目课题，朝阳区“小学教学方式研究”，朝阳区“儿童文学促进小学语文有效教学的研究”。朝阳区实验小学出版教育专著 3 本，教师撰写研究报告、论文数百篇，其中有多篇在全国、北京市、朝阳区获奖。

早在“八五”期间，马芯兰就带领学校的部分教师参与了由北京教育学院原院长温寒江教授主持的“发展形象思维的理论研究与教学实验”研究课题。该课题是北京市哲学社会科学“八五”、“九五”、“十五”规划重点课题，研究和实验历时15年。2005年12月26日，“发展形象思维的理论研究与教学实验”课题研究十五年成果汇报会在朝阳区实验小学召开。朝阳区实验小学作为子课题实验学校之一汇报了本校教学实验的做法和经验。《小学数学教学与创新能力培养：马芯兰数学教学法的研究与实践》是其中研究成果之一。

星河实验小学成立以来，马芯兰继续以科研作为主推学校发展的动力，积极开展各种形式的科研课题，为教师的发展提供多元化的渠道。2009年，由时任北京教育科学研究院院长时龙研究员主持、北京教育科学研究院教师研究中心主任鱼霞研究员具体负责实施的“北京市中小学骨干教师成长与行动研究”项目开始了为期一年的研究，星河实验小学作为五所实验学校之一参与其中，成立了“星河实验小学骨干教师成长与行动研究”分项目，由马芯兰校长和北京教育科学研究院教师研究中心郝保伟博士任分项目组组长，星河实验小学11位骨干教师参与研究。经过一年的研究，参与课题的11位教师的研究意识和研究能力都得到大幅度提升。

（二）笔耕不辍，勤于思考

从教四十多年来，马芯兰从来没有停止思考和写作。除了日常听课、辅导教师之外，马芯兰大部分时间都花费在读书、看报、做研究和写作上，几十年如一日。

早在1984年，马芯兰就开始发表论文，《我怎样上小学数学课》发表在《人民教育》（1984年第8期）上。其后二十多年来，几乎每年都有论文发表，很多论文发表在《人民教育》《北京教育》《心理发展与教育》等核心期刊上。马芯兰发表的论文涉及教学方法、小学数学知识结构、学生创造力培养、学习方法等方面，以深入浅出的方式将她的教改思想和经验传播出去。

马芯兰的专著以及与他人合著的著作有十余部，共几百万字。这些论著较为系统地论述了马芯兰数学教学改革的经验，成为后人学习、借鉴她闪光智慧的文本。

天道酬勤结硕果，马芯兰的辛勤耕耘带来了可喜的回报。她陆续出版了各类论著十余部，许多论著和学术论文获得了区级、市级和国家级奖励。“小学生创造性学习教学法”获得第三届全国教育科学研究优秀成果奖，“马芯兰数学教学实验研究”获得北京市首届基础教育教学成果特等奖，《小学数学能力的培养与实践》于2000年4月获得了“九五”国家重点图书奖。她撰写的《小学生创造性学习能力培养》《学生学习性循环的启示》等多篇论文在全国教育界产生了良好的反响。她主持编写的《北京市小学数学实验教材》为北京市的小学教学改革起到了重要的推动作用。

与此同时，各种荣誉称号也纷至沓来，然而对于这么多的奖项和荣誉，她却几乎一个也说不上来，马芯兰总是那样的淡定、从容和谦逊。

> “我自觉智商不是很高，想法也是简单而质朴的，更没有惊心动魄的事迹，只是一个认真做好本职工作的人，一名普通的人民教师。
>
> 这些荣誉证书发完了以后我就没看过第二眼。当时颁奖时我也不觉得高兴，就是跟平时开会一样，甚至觉得还是累赘呢，影响我上课了，因为我觉得那些荣誉不是我所追求的东西。”

马芯兰身边的人这样评价她：“马老师的心胸像秋日的天空一样坦荡、澄明，在荣誉和名利面前，她是一个甘于寂寞的人，她的心里永远只有学生和学校。”

唯其艰难，才显得格外可贵。对教育的执着和奉献精神使她更专注于自己热爱的事业。多年来，马芯兰几乎没有什么娱乐活动，教书育人几乎成为她生活的全部，一直执着地努力耕耘着。

三、桃李满园

“桃李不言，下自成蹊。”马芯兰不喜欢收徒弟，但却桃李满天下。作为长者和前辈，马芯兰非常乐意为年轻教师指点迷津，有时恨不得将自己所有的经验和智慧都一股脑儿传授给他们，而她所不喜的是“师徒”这个形式。在她的眼中，她身边的每一位年轻教师都是她的徒弟，随时随地都可以请教她、咨询她。她的这种博大的胸怀将爱的阳光洒向她身边的每一位教师，滋养着他们前进的道路。

生活中的马芯兰

（一）吴正宪：马芯兰老师是我的第一位导师

吴正宪，全国模范教师、全国著名数学特级教师、民进中央委员、民进北京市教育工作委员会副主任，国家教育部中小学教材审查委员、教育部课程发展中心新课程委员会常务委员、中国教育学会小学数学研究会副秘书长及常务理事。

吴正宪在潜心教学改革的道路上曾经有一段时间陷入迷茫，不知所措，置身其间，左右突围而不可得。正当她迷茫苦恼之际，恰好有个机会聆听了马芯兰的一节课，顿时有如醍醐灌顶、茅塞顿开之感。

吴老师说："当我在教学改革的道路上蹒跚摸索不知所措的时候，马芯兰老师鲜活的教改经验令我眼前一亮，这不正是我想看到的课堂场面吗？我深深地被学生乐学、善学、会学、爱学的热烈场面所吸引。我好像在茫茫的沙漠中看到一块生命的绿洲，她为小学数学课堂教学改革注入了活力。我下决心要学马老师这本真经，便一头扎进马老师的课堂。那时，我每天早上天未亮，就把睡梦中的女儿唤醒，从居住在东直门的家乘车把孩子送到天坛幼儿园，再骑车疾奔朝阳区幸福村中心小学，听马老师的第一节数学课。然后，再疾车返回坐落在天坛北门附近的锦绣街小学上两节数学课。白天紧张地工作，晚上静下心来反思，记下学习的收获体会。"①

正是在马芯兰的启迪和引领下，吴正宪勤奋反思与实践，使得教学效果有了较大的提高，并在马芯兰的推荐下，前去拜访特级教师刘梦湘，逐步结识了诸多名师专家，走向了成功之路。

（二）陈立华：马老师是给我指路的恩师

陈立华，现任北京市朝阳区实验小学校长，中学高级教师，北京市学科教学带头人。先后获得北京市优秀教师、北京市中青年骨干教师、北京市小学数学学科带头人、北京市经济技术创新标兵、北京市城乡中小学手拉手先进个人、朝阳区政府"首届科教兴区青年杯先进个人"、朝阳教育劳动奖章、朝阳区优秀共产党员标兵等荣誉。

陈立华于1993年参加工作，自从进入幸福村中心小学当教师，成为马芯兰的徒弟，其后十余年来一直在马芯兰的身边。在马芯兰的严格要求下，她从来不敢放松自己，努力修炼内功，把所有心思都用在了教学改革上。同时，马芯兰孜孜不倦、手把手地对陈立华进行指点，使她从一名普通数学教师迅速成长起来。2003年陈立华破格晋升为中学高级教师，2004年被评为北京市学科带头人，随后成为朝阳区实验小学的副校长、校长。陈立华永远忘不了马芯兰对她的悉心指点和提携。

---

① 吴正宪．吴正宪与小学数学［M］．北京：北京师范大学出版社，2007：4．

“我清楚地记得初教实验班的情景。学生生，教材生，教学方法就更谈不上了。那时候，马老师每天在班上，一个手势、一个眼神，从学生眼、手、站、立、说话等一点一滴地教我。由于马老师的身体不好，半天下来，脸就发紫……我想，马老师正是用一种对事业执着的精神影响着我，感召着我，激励着我。同时也让我更加知道，要做事业，德为先。”

每每谈及恩师马芯兰，陈立华总是不经意地流露出感激与敬仰。“马老师是给我指路的恩师。”“方向是前进的指标，找对了方向，即使每天走上一小步，也是慢慢向着梦想靠近。”陈立华常常这样说。在她的成长过程中，恰恰有马芯兰这样一位恩师为她的生命点亮了一盏灯，使她找到了自己的方向，一步一步走向成功。

“领导为我的成长提供宽广的平台，我的师傅马芯兰老师更是为我的成长倾注心血，能成为马芯兰老师的徒弟是我感到最荣幸的事情。”

“马老师那精湛的教学艺术令我仰慕，她高尚的人格魅力更让我折服。”

“马老师曾经对我说过这样的话：‘年轻人要傻干十年，要十年傻干。’这句话已经伴随我成长了十多年，我想它将激励我一生。”

陈立华老师在马芯兰教学改革的思想和方法指导下，仅用 1 课时就完成了平时 21 课时才能完成的 33 页教学内容。这一奇迹的发生，不是依靠课下的题海战术或为尖子生“加小灶”的办法，相反，这个实验班学生从小学 1 年级至 6 年级课下都没做过家庭作业，全班每个学生都以 100 分的成绩小学毕业。

陈立华老师说：“很多数学老师都认为小学、初中的知识没有什么关系，但马老师教过的 5 年级学生能掌握中学的知识点。在教学时不能单单站在小学的高度，而应将知识看作是一个整体，以它为载体，实现对小学生能力、素质方面的培养。”在多年教育工作中，陈立华以此为衡量自己工作的标准，她深有感触地说：“我从恩师身上学到了很多东西。”

如今的陈立华继承了马芯兰的教育教学思想和学校管理思想，并进一步改革创新，正在带领着朝阳区实验小学阔步前进。

（三）魏淑娟：难忘师恩

魏淑娟，现任北京市朝阳区实验小学副校长，是北京市小学数学学科教学带头人。魏淑娟毕业于朝阳师范学校，怀着对教育事业的美好憧憬来到了幸福村中心小学，当时马芯兰数学教学改革实验正如火如荼地进行，当年的幸福村中心小学已然成为北京市教学改革的前沿阵地。刚刚参加工作的魏淑娟还来不及适应新的教学环境，就立刻以饱满的热情投入到轰轰烈烈的小学数学教学改革的一线。她不但多次承担接待全国各地教师到校听课交流的任务，还做了多次全国级观摩课，充实的教学实践使年轻但缺乏经验的她迅速成长起来。

1995 年，在第二轮数学教改实验中，魏淑娟有幸得到马芯兰校长的亲自指导，并成为马芯兰的徒弟。这是一次难得的机会，本就勤奋刻苦的魏淑娟，更是把全部的精力和智慧都融入到了工作中。

“马校长经常到我们班级来指导，手把手地指点，一个手势、一个眼神、一个动作都不放过。”

正是由于马芯兰的悉心指点和充分的教改实践锻炼，魏淑娟迅速成长起来，于 2002 年晋升为中学高级教师，而后又挑起学校副校长的担子，成为教学、管理的双面手。

回想起自己成长的历程，魏淑娟难忘师恩。

“一滴水只有放进大海才永远不会干涸。学校为我创造机遇，为我搭设展示平台，我所有成绩的取得都得益于各级领导的关爱与信任，得益于恩师的教诲与感染，得益于同事、家人的支持与帮助。可以说，我的道路是无数人铺就出来的。”

手握马芯兰校长的接力棒，魏淑娟要做的不仅是传承一种教育思想，更是发扬一种为师精神。她特别想把当年恩师马芯兰送给她的两句话送给所有年轻教师，那就是“成功贵在持之以恒”和“寂寞会使人更加美丽”。

除了那些“记名”的徒弟外，马芯兰“不记名”的弟子更是不计其数。仅以朝阳区实验小学和星河实验小学为例，这两所学校的教师“近水楼台先得月”，随时能够得到马芯兰的指点。他们和马芯兰之间，虽无师徒之名，却有师徒之实。尤其是现在的星河实验小学，教师多以年轻人为主，这些年轻教师都是马芯兰亲自挑选、培养起来的，马芯兰每时每刻都在关注着他们的成长，每天都以自己特有的“走着听课”的方式进行指点。马芯兰有一个愿望，就是这些年轻教师能够较快地继承她丰富的教学经验，尽快地成长起来，为星河实验小学的未来发展奠定优良的师资。

从“马芯兰教学法”诞生之日起，学习马芯兰教改经验、实践“马芯兰教学法”的学校和教师就没有间断过。尤其是在马芯兰第二轮教改实验获得巨大成功之后，“马芯兰教学法”更是响遍北京、响彻全国，“马芯兰教学法”实验学校遍地开花，默默地将“马芯兰教学法”运用到自己课堂上的数学教师更是数不胜数。这些老师们汲取了马芯兰宝贵的教改经验，促进了自己教学质量的提高和自身专业水平的提升，当之无愧地成为马芯兰的“不记名”弟子。

随着教学改革的不断深入，马芯兰对教学的认识也更加深邃。马芯兰的教改经验逐渐上升为系统的教改思想，不再局限于数学学科，而成为能够指导所有学科教学的思想和理论。

四、媒体宣传

作为中国当代小学数学教学改革的先驱和一代教育家，马芯兰自然成为各类媒体竞相追逐报道的对象。报纸、杂志、网络等各种媒体记者撰写了数十篇关于马芯兰的采访报道，以较长的篇幅对“马芯兰教学法”以及马芯兰爱岗敬业、数十年如一日执着于教育事业的事迹和精神进行了多角度报道，有力地促进了马芯兰的教育教学思想和模范事迹的传播。在媒体的聚光灯下，马芯兰是那样的淡定、从容，娓娓道来，不虚夸，不回避，充分展示了一代教育的风范。

从1984年秋，北京市教育局发出《关于向马芯兰同志学习的通知》，到1994年北京市教育系统又一次在《人民教育》（1994年第10期）刊发了《北京市开展向马芯兰张明珠同志学习活动》，号召广大教育工作者向马芯兰学习。

人民日报社《时代潮》（2002年第21期）刊载了《甘为红烛照人寰——访十六大代表、北京朝阳区实验小学校长马芯兰》一文，同时该文还刊登在《中国经济周刊》（2002年第21期）上。2002年11月8日，《中国妇女报》刊载《马芯兰：香飘教苑一幽兰》一文。2003年第3期，《北京教育》杂志刊载了《坚持教育创新　加强队伍建设——访十六大代表、朝阳区实验小学校长马芯兰》一文。2005年2月28日，《中国教育报》（第3版）刊载《妈妈老师马芯兰》一文。2005年7月28日，《现代教育报》刊载《“妈妈老师”马芯兰素描》一文，该文同步刊登在现教传媒网（http：//www. modedu. com）上。2005年9月12日，《北京考试报》刊载《马芯兰：妈妈老师》一文。2006年，北京市朝阳区举办“朝阳区教育系统劳模风采录”，北京市教育工会网站（www. bjjygh. org）4月12日刊载了《无私才能无畏——记全国劳模、朝阳区实验小学校长马芯兰》一文。2006年4月18日，《北京娱乐信报》刊载《创新与人才·马芯兰：开创小学数学教学法》一文。2006年5月，《风范》杂志刊载了《一任霜华染鬓秋　换得桃李尽芬芳——访朝阳区实验小学校长马芯兰》一文。2006年5月24日，京报网刊载《马芯兰：我教的孩子不怕考试》一文。2008年2月4日，《现代教育报》刊载《与北京市朝阳区星河实验小学校长马芯兰一席谈》一文。2008年22期，《人民教育》杂志刊载了《用生命拥抱教育——记马芯兰和她的星河实验小学》一文。由全国教师教育学会主办、北京市联合国教科文组织协会协办的“全国名校长访谈活动”于2009年9月7日在搜狐教育（http：//learning. sohu. com/20090917/n266804753. shtml）刊载《执着一生的教育情结——星河实验小学校长马芯兰》一文。2010年4月30日，人民网（北京频道）刊载《马芯兰：旗帜的内涵和魅力》一文。2010年5月24日，马芯兰做客人民网接受了记者的访谈。2010年7月22日，人民网刊载了《北京星河实验学校：教育家办学——记北京朝阳区星河实验学校和著名教育家马芯兰校长》一文，详细介绍了星河实验小学和马芯兰的办学思想。2010年5月22日，北京电视台《人才》栏目播出《创造神奇的良师——马芯兰》专题片。2013年4月12日，《中国教育报》刊登《关注中小学生减负之七："马芯兰"的减负实践》。

如今，"马芯兰教学法"已经使广大学生受益，并在国内外引起了广泛的反响，它不仅得到了我国教育界前辈和专家的好评，也受到了国家教育部门和中央领导的重视和肯定。自1982年起，她还担任了全国教育学会理事、中国数学教育学会理事、国家教委教育基金会理事、中国教育学会小学数学教学专业委员会学术委员兼副秘书长等职务，为我国教育事业做出了突出的贡献。

五、毕生心血打造两所名校

马芯兰除了潜心于小学数学教育教学改革，创造出了效果突出、专家同行认可、学生家长满意的"马芯兰教学法"之外，还倾心打造出了两所北京市的名校，一所是她为之奋斗四十余年的北京市朝阳区实验小学，一所是她钟爱的朝阳区星河实验小学。马芯兰还培养了一批学科带头人和青年骨干教师，使大批的学生受益终身。马芯兰作为改名之后的北京市朝阳区实验小学的第一任校长，苦心经营了十年，使该校从一所默默无闻的普通学校发展为北京市的著名小学。2006年退休之后，六十岁的马芯兰老骥伏枥，仅用三四年的时间，几乎在"一穷二白"的底子上创造出一所受社会瞩目、学生喜爱、家长信任的与国际接轨的数字化开放式名校——北京市朝阳区星河实验小学。一些教育专家说，马芯兰老师创造了先进独特的教学法，为教育做出了巨大贡献，已经很了不起了，同时，还打造两所名校，实在惊人。

（一）北京市朝阳区实验小学

北京市朝阳区实验小学的前身是朝阳区幸福村中心小学，1996 年 12 月改为现名，中国教育学会副会长陶西平题写了校名。北京市朝阳区实验小学的第一任校长就是全国劳动模范、特级教师马芯兰。

朝阳区实验小学以“敦品、励学、达才、成德”为校训。“专家治校、科研强校”的双翼，把全体师生引向了成为创造型人才的广阔天地。欢乐、幸福是校园生活的主题。学校建有一流的舞蹈形体、书法美术等专业教室，建有天文演示厅、游泳馆、绿茵足球场等活动场地。网管中心 500 多个信息点使每间办公室、教室与国际互联网相连，为师生打开了瞭望世界、感受时代的窗口，联通了汲取最新、最广阔知识的高速公路，彰显着朝阳区实验小学充满时代特色的校园魅力。

“马芯兰教学法”促使各学科教育教学都取得了优异成绩，科学、规范、现代化的流程管理以及先进的办学理念、先进的教育教学设施，促进了大批业务能手茁壮成长，大量中青年教师已成长为市、区骨干教师，组成了力量雄厚的师资队伍。“马芯兰教学法”使数以万计的小学生从中受益；她创造的教改经验，培养了一批又一批青年教师；她倾注几十年心血与汗水的朝阳区实验小学，正在成为教师成长的沃土、学生成才的摇篮。

学校独立承担的教育部规划课题“校园网络环境下学生合作学习方式的研究”取得了丰硕成果，出版了《小学生创造性学习教学法》《小学数学教学与创新能力培养：马芯兰教学法的研究与实践》《观察·阅读与小学生作文》等教育专著，教师撰写数百篇学科论文，很多论文荣获市级及以上奖励。“十一五”期间独立承担市、区科研立项课题 3 项，参加市哲社办、市教育规划办重点科研项目两个。

学校先后与英国、美国、法国、印度等国家的学校建立友好关系，多次组织接待外国教育同行的参观、交流与互访活动，并与新疆库尔勒华山学校、内蒙古扎赉特旗中心小学、张家口下东营小学等学校建立“手拉手”合作项目，共享优质教育资源。

现代化的校园网络，提升了学校思想文化建设、校园环境建设以及各项工作管理的科技含量。“校园短信通”打开了家校往来的通路；滚动的液晶显示屏时刻展示着校园日新月异的变化；键盘上舞动的指尖传递着师生理想的追求和学业的精进，传递着情与情交融、心与心相通的温馨……

学校先后获得中国首批科研兴校示范基地、北京市奥林匹克教育示范学校、北京市基础教育科学研究先进学校、朝阳劳动奖状、朝阳区首届教育科研成果奖等荣誉，“小学生创造性学习教学法”荣获第三届全国教育科学研究优秀成果奖。朝阳区实验小学还获得“教学管理先进校”、“科研管理先进校”、“精神文明先进校”、“敬老文明校”、“先进党支部”、“先进团支部”、“先进工会”、“红旗大队”等数十项集体荣誉。

学校坚决贯彻落实党的教育方针，坚持面向全体学生，坚持全面实施素质教育。学校坚持走教改兴校、科研强校、专家治校之路，开拓进取，锐意改革，在教育教学改革的大潮中始终站在最前列，以规范科学的管理，优异的教育教学成绩，全心全意为学生服务、为家长服务、为社会服务的实际行动，努力为社会提供较高水平、较高质量的教育，赢得了广泛的社会赞誉。“马芯兰数学教学实验研究”得到国内外专家学者及教育同行的高度评价，荣获北京市首届基础教育教学成果特等奖。

（二）北京市朝阳区星河实验小学

2006 年，马芯兰退休了。但为了进一步推广马芯兰的教育思想，北京市朝阳区区教委决定由她担任校长，创办公立星河实验小学。朝阳区星河湾小区，是一所崭新的高档住宅区，软硬设施一应俱全，建筑外围通体呈淡黄色，给人一种庄重典雅的感觉。朝阳区星河实验小学坐落在星河湾小区。

星河实验小学坚决贯彻落实党的教育方针，积极推进素质教育。

学校坚持走“科研兴校、专家治校”之路，学校以“敬业、爱生、严谨、创新”为治校之本，以“办特色教育，育创新型人才”为发展目标，坚持德育为首，坚持教学为中心，坚持全面发展。

星河实验小学的校训是“博学、明德、强身、励志”。学校对每一位学生负责，使学生在德、智、体等方面得到全面发展。星河实验小学是专家治校，马芯兰校长以精湛的教学艺术、崇高的敬业精神、甘为人梯的无私品格、真诚正直的人格魅力，带领全校教职工共同奋斗，营造出一个和谐向上的工作环境。她以数学教学改革为龙头，带动各个学科深入开展教育教学改革。

1. 艰难的起步

回想起星河实验小学的起步阶段，马芯兰感慨万千，总也忘不了那无数个日日夜夜，忘不了那些前来帮忙的老师、学生和亲人。

完全可以用“一穷二白”来形容当时的境况，第一次招生的情景，马芯兰仍历历在目。2007 年 5 月 16 日是公开招生报名的日子。当时开始招生时，所有新建教室仍然建筑垃圾成堆，课桌椅都未到位，更别提教师和校长的办公室了，整个校园连一张像样的办公桌都没有。于是马芯兰和她的追随者们就在校门口用大木板搭建了一个长长的“桌子”，上面用一大块布蒙了起来，露天的“招生办公室”就这样建立了。第一年就招了 11 个班 300 多名学生，这在北京市，对于一个新建的小学来说，开学之初就有这么大的招生量，史无前例。这就是“马芯兰”这个品牌的效应，众多家长都是慕马芯兰之名而来。有些家长说：“我们是向日葵，马校长就是太阳，我们是围着太阳转的。”

招生时的条件是简陋的，但大家的热情是高涨的，马芯兰很多以前的学生、培养出来的教师不请自来，给马校长帮忙。伙食也很简单，用一个电磁炉炒菜，炒一锅不够吃，就继续炒下一锅。一个电饭锅是蒸米饭的，同样是一锅不够就蒸下一锅。有的学生家长到校园里转了一圈，目睹了空空如也的教学楼和简陋的“招生办公室”，惴惴不安地问马芯兰：“马校长，咱们 9 月份能按时开学吗？”马芯兰反问道：“你从哪里看得出咱们不能按时开学？”这位家长看着和蔼可亲的马芯兰和她那坚定有神的目光，很快就打消了不安和疑虑。

马芯兰到了星河实验小学，朝阳区实验小学一些老师也跟随了过来，还有其他学校的老师也慕名投奔而来，马芯兰择优而录，形成了星河实验小学的第一批师资。因为都是熟手，大多都是区级、市级骨干教师，所以星河实验小学的师资质量有一个很高的起点。

星河实验小学第一年招生，是从三年级开始的，对于这些来自全北京市，甚至全国各地的孩子，他们已经有了一定的学习基础，马芯兰亲自逐一对这些学生进行面试、考察，面试的内容就是和每一个孩子聊几句话，让他们认认汉字，做几道数学题，给几张卡片让他们比一比、画一画。当年有500多名孩子参加了星河实验小学的入学测试，马芯兰亲力亲为，整整坚持了近一个月时间。作为拥有几十年教育经验的老教育家，马芯兰练就了一双“火眼金睛”，短短几分钟时间，几个简单问题，马芯兰就能准确地判断出这些孩子的知识基础、思维发展水平和发展潜力，这就为日后的因材施教打下了基础。

从5月16日开始招生，到9月1号开学，就当时学校的硬件状况来说，时间是非常的紧迫。但马芯兰心中有一盘棋，这短短三个半月的时间，每一天马芯兰都安排得井井有条，哪天课桌椅到位，哪天学生的柜子到位，哪天食堂通过验收，哪天体育器械到位……2007年8月16日，召开全体老师会；2007年8月22日，召开学生家长会……那时定在9月1日开学，很多家长特别吃惊，因为那时学校的装修还没进行完毕。

到了8月底的时候，星河实验小学的面貌焕然一新，校园庄重、整洁、温馨，所有教育教学设施设备都一一到位，静候着它们第一批新主人的到来。马芯兰说：“几个月来，我虽然把心思全部放到学校上，可并没有加班加点，也没让老师们加班加点。”

到了9月1日举行开学典礼的日子，星河实验小学非常热闹，各界人士赠送的大花篮排满了学校大门口及过道两侧，长长的横幅、高高的气球展示着节日的气氛。以前的老领导来了，老同学来了，曾经的学生来了，学生的家长，甚至爷爷奶奶都来了，还有小区的老年人都来了，尽管他们没有孩子在星河。马芯兰的老伴、儿子儿媳都过来帮忙。整个校园人声鼎沸，其乐融融，这让马芯兰非常欣慰。开学典礼非常成功。典礼结束后，偌大的校园、操场上竟然没有任何的纸片、水瓶等垃圾，这一点让马芯兰很感动，由此看到了自己学生的家长的素养是高的。

2. 崭露头角

一代教育家马芯兰在61岁时接手了新建的星河实验小学，这在常人眼中或许有点不可思议。“都60多岁的人了，还不退休回家颐养天年，还折腾个什么。”马芯兰笑着说。但马芯兰自有她的远大抱负，用“老骥伏枥，志在千里”来形容她，是最贴切不过的。在离开朝阳区实验小学时，马芯兰非常舍不得，她说：“再给我三四年的时间，这批老师就完全起来了。”马芯兰一脸的惋惜。到了退休年龄，马芯兰仍在惦记着她所培养的老师们。可惜由于政策限制，马芯兰无奈只得离开了她为之奋斗四十余年的朝阳区实验小学。

“我满脑子里都是数学、课堂和学生，一旦离开了学校，离开了教室，我不知道该干什么了。”马芯兰笑着说，“再说，我的很多新想法、新思考，还没有完全得到检验呢。”星河实验小学又一次给马芯兰提供了施展远大抱负、贯彻教育教学思想的广阔舞台。

对于星河实验小学的办学定位，马芯兰有崭新的、全盘的思考。当笔者问及星河实验小学和朝阳区实验小学的异同时，马芯兰打了一个比方：“如果把朝阳区实验小学的成就比作6层楼高的话，那么星河实验小学就要在此基础上达到7层楼、8层楼。”“单纯地复制一所学校对于我来说没有什么意义，就我的性格来说，就是不断地否定自己。”当问及星河实验小学的校训与朝阳区实验小学的校训，二者的内涵有何不同时，马芯兰回答道：“我觉得这个校训更明晰，目标也更明确。这是我对于教育理念有了一些沉淀之后的另一种解读。如果说不同，它是更明确的，并且涵盖的内容更宽泛、更丰富。”马芯兰就是在不断地否定自我的过程中，使得自己的教育教学思想逐步深化、系统化。

星河实验小学是名副其实的“实验”小学，因为它的内部管理体制是专家治校，马芯兰身兼校长和书记之职，推行的是马芯兰的学校管理思想、教育教学思想，尤其是小学数学教学思想，“马芯兰教学法”再一次发挥出它神奇的效果。星河的师资以年轻骨干教师为主，都具备本科及以上学历。对于打造师资，马芯兰有自己独特的见解，她说：“新招来的大学本科毕业生，还是一张白纸，可塑性强，底子也好，发展潜力大，我还是喜欢自己培养老师。”马芯兰要求新进来的老师都必须制订自己的三年或者五年规划，一步一个脚印往前走。“现在总觉得时间不够用了，不像在朝阳区实验小学时那样，还能一点一点培养年轻老师。现在的星河，培养老师的步子必须迈大点，时间不等人呢。”“对于老师，我从来没有批评和指责。没有一个老师会愿意把事情做坏。作为校长我要做的就是扬长避短，发挥他们的长处，提升他们的短处，培养出这样的教师队伍才能把学校办好。”“我们的老师非常纯朴，他们用心去感悟教育，感受学生的心理，他们的文化底蕴也给了星河实验小学一个深厚的人文基础。我会为这些年轻的战友们、年轻的朋友们而努力的。”所以星河实验小学的老师，自进校门不久，就有了明确的发展方向和发展目标，身上都攒着一股劲儿，无时无刻不在进步之中。每天上午“走着听课”，推门就进行指点，仍是马芯兰每日雷打不动的工作内容。在马芯兰的一手栽培下，星河实验小学的师资水平迅速提升，为星河高质量地培养学生提供了可靠保障。

对于管理干部队伍，马芯兰继续发扬她在朝阳区实验小学时的做法，就是不设专职干部，要求所有的管理干部都不能脱离课堂，必须继续给学生上课。除了上好自己的课之外，还必须经常去听其他老师的课，参与观摩、研讨。马芯兰说：“脱离课堂半年，你就没有发言权了。作为学校管理干部，不了解教学怎么能做好管理工作呢?”所以，在星河没有专职管理干部，大家都是普通老师中的一员，时刻都在三尺讲台上耕耘着。为了更好地锻炼管理干部队伍，马芯兰开始实行“无为而治”。马芯兰充分放权，让各位主人在各自的职责权限范围内充分发挥自主性和创造性，管理干部的工作积极性得到极大提升，工作效率显著提升。“要发挥每个老师的特长，调动他们的主观能动性，让每一个老师都成为学校的主人。他们会用责任心把学校运转起来，想到的事情我们一起坐下来研究，这样活着很轻松，大家琢磨事，而不是琢磨人。这是一种‘无为而治’的状态。”马芯兰说。

信息化建设是马芯兰对星河实验小学的初始定位之一，这与马芯兰的高瞻远瞩是分不开的。早在朝阳区实验小学时，马芯兰就敏锐地认识到，信息化、网络化必将成为促进学校发展腾飞的重要力量，因此她非常注重学校的信息化建设，安排一位副校长专门负责学校的信息化建设工作。而对于星河实验小学，马芯兰抱有更高的期望和追求。她说：“我想把星河（实验小学）办成一所开放式的学校，在小学校里办大教育，打破围墙，超越人与人之间的界限，这更符合社会和时代对于教育的要求。这是一种与国际接轨的现代开放式教育，星河实验小学会辐射到社区、朝阳区、北京市乃至全国。”

“星河（实验小学）要在北京市的信息教育方面起到一个领头羊的作用。我们学校在硬件上有这个条件，上级领导也非常支持。我们会一步一步向前走，让更多的学生和家长享受到我们的优质教育资源。享受这个资源并不需要把我们的好老师调到他们那里去，而是运用现代信息技术手段把星河的优质教育覆盖到朝阳区的每一个角落。”

星河实验小学的信息化硬件设施非常完备、先进，无线网络覆盖每一间教室以及校园的每一个角落，教师人手一台笔记本电脑、一台数码相机，每个教研组一台摄像机，每间教师都配备了超大液晶电视。星河实验小学的网站，内容十分丰富，且每天更新；聘请专业公司建设的“短信平台”拉近了学校、教师和家长之间的距离，成为学校和家长之间沟通信息、吸引社会教育资源的重要手段；公开的校长信箱使得所有的家长可以直接和马芯兰进行对话。

在星河实验小学建校还不足一年的时候，就相继迎来了国内外各界人士来校参观学习。2008 年 4 月 10 日，继美国、英国等代表团纷纷来校后，波兰奥波莱省教育局、教学中心领导及省下 11 所小学、中学、大学的校长也慕名来到星河实验小学进行教育教学交流活动。他们和星河实验小学的学生共上课间操，共同品味中国的传统剪纸文化。奥波莱省教育局领导手拿学生制作的福娃剪纸预祝北京 2008 年奥运会胜利召开，希望星河实验小学越办越好。他们称：“星河美，朝阳美，中国更美!”

2008年5月30日，新加坡美以美女校的师生及家长到访，两所学校的师生共同度过了一个难忘而有意义的儿童节。在对汶川地震中遇难的学生们表达了深切的悼念后，学生们发起了加入“绿丝带行动”的倡议，倡议大家戴上绿丝带，传递无私的爱心，一起为灾区的学生们捐款。

2010年6月28日，美国教师团来到星河实验小学进行参观访问，并随堂加入了美术和书法的授课活动，与在场的学生开心地互动，随后参观了部分校园景观。他们惊讶于中国小学的办学环境和先进的教学设施，并给予学校和老师很高的评价。在交流活动中，星河的学生能自如大方地与来访友人亲切交谈，给美国客人留下了非常深刻和良好的印象，美国教师团向星河表达了希望今后能深入地交流、互通教育教学资源的愿望。

建校三年时间，在马芯兰先进的教育思想、教育理念的指引下，在“马芯兰教学法”的具体指导下，朝阳区星河实验小学的教学、德育、管理、家校合作、心理健康等各项工作都取得了突出的成绩，得到上级教育主管部门、社会、家长、同行兄弟学校的认可，已然位列北京市名校行列。

在建校三年时间里，星河实验小学全校师生共获得国际级、国家级、市区级奖励近400项。学生在朝阳区艺术节的各项竞赛中，获奖率超过了50%；以星河实验学校低年级学生为主力组建的校健美操队连续两年在朝阳区获一等奖，并在市级比赛中获得了第一名；星河学子还获得朝阳区中小学生三棋冠军赛围棋小学女子组团体第一名，小学男子组团体第一名和中国象棋小学女子组团体第二名的好成绩。星河实验学校教师撰写的上百篇教育教学论文，在市区级评选中屡屡获奖。

2010年6月，建校三年的星河实验小学送走了自己培养的第一届毕业生。这一届学生与星河共同成长，他们的身上凝结了马芯兰和星河教师们太多的心血和期望，他们没有让马芯兰失望，以奋发向上的精神面貌、健康的身心素质、优异的各科成绩、突出的特长回报给他们的马校长和母校。在毕业典礼上，马芯兰深情回顾了学校的发展历程和毕业班的学习生活，同时送出了真挚的祝福和希望，并再三向一直关心支持星河工作的上级领导、专家、家长和社会各界表达了真诚的感谢。

六、来自家长的感谢信（摘选）

星河实验小学自开门办学以来，日常教学、后勤服务、家校合作、德育工作、校园安全等各方面的工作都得到了家长们的认可，收到来自家长的感谢信不计其数，马芯兰公开的信箱经常收到热情洋溢、充满赞美感谢之词的家长来信。现摘选几封，内容如下。

1. 感谢信之一

尊敬的马校长：

您好！

我们是您教学法的崇拜者，所以把孩子转到您主持工作的学校，孩子通过近3个月的学习在各方面都有了突出的表现，从孩子的口述中、作业中以及与老师的交流中我们深感在您的领导下，05金星班的班主任亢老师、数学常老师真正做到了教书育人。

班主任亢老师在她每日作业批改和与家长的交流中充分体现了一丝不苟的精神，一个小小的不起眼的笔画、不经意的错，都逃不过她的眼睛。亢老师有很深的语文教学功底，她从现在就不断给学生渗透高年级应掌握的知识，为他们今后的学习打下了基础。同时，对孩子也关怀备至，嘘寒问暖，孩子说爱这所学校，更爱教他们的老师！

数学常老师在课堂上创设了一个轻松、愉快、和谐的学习环境，诱发孩子对数学的想象力和求知欲，使孩子自然地产生一种喜悦、满足、自信、积极向上的情绪，加深了对数学的热爱。在作业中，常老师经常给予积极的鼓励和赞扬，使孩子在爱中健康成长。

我们希望学校号召所有老师都向他们学习，让孩子在爱的熏陶下，在鼓励和赞扬的激励中，都成为星河实验小学最璀璨的金星，为星河实验小学争得荣誉。

致礼！

金星班 ××× 家长

2. 感谢信之二

敬爱的马校长：

您好！

我是海燕班学生 ××× 的妈妈，非常感谢您给我们做家长的这个直接与您交谈的空间，而且您还要在百忙之中抽出时间来，细心地聆听我们的心声，我忠心地谢谢您！

我今天主要想跟您说，海燕班张老师真的让我很敬佩，我实在抑制不住自己的情感，在您的信箱里直接表扬张老师了。

张老师的工作热情，让我们家长有时都感到震撼。因为张老师不分平时，还是休息日，时时刻刻把我们的孩子放在心里，随时都能收到张老师的短信，把孩子在学校的表现和怎样一起帮助孩子的想法，随时与我们沟通。张老师为孩子们所想到的，有时让我们都感到惭愧，真的，比我们想得都全面。

张老师对孩子们的各个方面都抓得很紧，要求也很严格，主要是培养孩子们良好的学习和生活习惯，是个非常优秀的班主任。孩子在这短短的四个月里，进步非常大，他是八月份生日，应该在班里算是最小的，但是他的进步之快，超过了我所想象的。例如，在叠衣服比赛中，他还得了班里的季军；班里同学们自己评选生活小组长时，他连续被评选上了三次。

张老师一再强调“好孩子是夸出来的”，并不断培养孩子们的自信心，经常在班里适时地表扬孩子们，带动孩子们的学习气氛。他每次被表扬了，回家后都要跟我说，能看出他这一天都是非常快乐的！孩子们在轻松愉快中学习和生活，度过他美好的童年，是我最大的愿望！

张老师真是个很优秀的班主任，我替孩子选择了星河实验小学，并且遇到了张老师，我们觉得非常幸运。

谢谢马校长培养出了这么优秀的教师，星河实验小学所有教师在您的带领下，我相信会教育出很多优秀的学生，打造出名副其实的北京市知名小学——星河实验小学。

圣诞将至，我想送您最好的礼物，莫过于您的付出又一次被肯定，自己的学生被肯定，谢谢您了——马校长。

祝您圣诞快乐，身体健康，事事如意！

海燕班 ××× 妈妈

3. 感谢信之三

敬爱的马校长：

您好！星河实验小学成立已经 7 个月了，孩子们在美丽的星河校园里已经度过了一学期快乐的学习时光。

学校组建以来，您亲自面试了几百位可爱的孩子，招聘了许多优秀的教职员工，学校工作的方方面面，无一不浸透着您的心血和汗水。现在，我女儿依然记得您面试时夸奖她的话语“你是个好孩子，你特棒”，还时常和别人自豪地说起。从面试那一刻起，您就在孩子们的心中种下了一颗自信的种子。

本学期就要结束了，请允许我们对您、对星河实验小学全体教职员工表达由衷的感谢、感动和祝福，真诚地对您说一句：“马校长，您辛苦了！”没有您的辛勤工作，就没有星河实验小学几百个孩子健康成长、快乐学习的今天！从星河实验小学优秀的教职员工身上我们学到了很多，也时时被感动着。星河实验小学不但哺育了几百个孩子，也使得我们家长成长进步了不少！

07 水星班班主任宋老师是一位有着丰富经验的班主任，是一位优秀的语文老师，同时也是一位出色的心理教育工作者。从生活到学习，从课内到课外，从学校到家庭教育，从语文到其他每一科，她对孩子们的关心无微不至。

由于学校饭菜的合理营养搭配及宋老师在用餐时的成功引导，孩子学前四年经常发生的便秘现象不见了。宋老师在校讯通上建议我们每天为孩子煮萝卜梨水，多给孩子喝温开水，用淡盐水漱口，在家里每天陪孩子跳绳等，我们都一直坚持着，孩子免疫力明显提高，非常健康！

由于宋老师非常注重引导孩子学习经典文化，特别是孩子学习《弟子规》后，每次吃水果都让老人和爸爸妈妈先吃，再也不剩饭了，还提醒我们“粒粒皆辛苦”，很好地继承了中华民族的优良传统。

对于其他科目较差的孩子，宋老师利用管理班级的时间亲自给孩子们补课，不让一个学生掉队。有的学生家长很忙，孩子病了，宋老师听说后，真诚地表示晚上帮忙到医院守护孩子。我们平时对孩子比较急躁，宋老师数次从孩子的心理健康出发，和我们讲对孩子要温和，不要给孩子压力，也告诉了我们很多教育孩子的好方法。我们进行了深刻反思，同时也注意向别的家长学习请教，尽最大努力配合好学校教育，真正做到春风化雨、润物无声，让孩子无忧无虑地学习成长。

在12月初，宋老师得了重感冒，连续几天高烧，但她依然坚持每天下午亲自送走每一个孩子，依然满怀热情和有需要的家长沟通，有时一直忙到7点钟。听着宋老师沙哑的声音，我们被深深感动着。

在12月17日家长会上，宋老师讲解了许多对孩子的教育心得，提出了很好的建议。比如，词汇积累本和日记等，对孩子都有很大帮助。在我们和孩子玩词语接龙游戏时，她词语丰富、准确，令我们刮目相看！家长会上我们了解了各科的教学内容与方式，使我们受益匪浅。

在数学方面，石老师按照您的教学教法对孩子们实施了特色教育，每天都不留家庭作业，将孩子们从每天大量的习题和速度练习中解放出来，也减轻了家长的负担。我同学的孩子在某小学读书，孩子和家长对大量的数学家庭作业倍感压力。一位在亚运村住的家长由于孩子每晚都做作业到11点，就把孩子转学到了星河，就租住在我们青年路小区，他对我们星河实验小学的教学工作非常满意！能遇到您这样一位数学教育专家任校长，能在星河接受“马芯兰数学教学法”，是孩子之幸，也是我们千百个家长之幸！在此，我衷心地对以马校长、石老师为代表的全体数学老师致敬！

在英语课上，王老师采用纯英语教学，给孩子营造了良好的英语语境，每天早晨的小课时英语，培养了孩子对英语浓厚的学习兴趣，使我们对孩子的英语家庭教育有了新的思考和感悟。

音乐方面，夏老师对孩子们的课堂教育，对合唱队的组织和排练，在新年联欢会上孩子们的合唱都让我们领略了星河实验小学音乐教育的高水平、高质量、高效率！

美术课上，何老师教孩子们手工制作，孩子进步很快，新年放假三天，孩子在家自己制作贺卡，写上“马校长您辛苦了，宋老师您好，石老师新年快乐，张老师节日快乐，爸爸妈妈我爱您”等祝福问候的语言，粘贴在墙上，不经意中感恩的种子已经在孩子心田里萌芽了。我相信，孩子每学会画一片美丽的叶子，将来在工作岗位上就会多一份创意的灵感，世界上就又多了一双善于发现美的眼睛。

计算机教学中，刘老师用电脑自带的普通画图软件教孩子制作精美的图画，看到孩子在家里的电脑上画的月亮、星星、农家小院、小鸟等，我们家长也不由得跟着孩子学了两手。学校计算机教学为孩子打开了一扇全新的窗户，孩子从中培养的想象力、发挥的创造力将是无穷的！

形体课上，张老师训练孩子优美标准的形体动作，很好地培养了孩子健康的体态和优雅的气质，为孩子的健康发展打下了良好的基础。

体育课于老师组织孩子参加做操、跳绳、投沙包、赛跑、跳远等丰富多彩的体育活动，增强了孩子们的体质，孩子们快乐运动，身体健康！

她在校内还报了数学思维、美术、围棋和外教英语特长班，数学思维在期末考试得到了“优”的评语，围棋经常得到小奖品，美术和外语有很大进步！

为了让孩子们度过一个快乐的节日，学校做了精心细致的准备，邀请我们参加了新年联欢会，孩子们捧着、比着奖品，在加油声中，欢笑着迈进了新的一年！见到您在楼梯口微笑着迎送家长和孩子们去参加游艺活动，我们心里暖暖的，在心里衷心祝福您新年快乐！

水星班 ××× 家长

4. 感谢信之四

尊敬的马校长：

您好！

我是贵校05金星班×××的家长，此刻我是怀着十分激动的心情给您写这封信的。

我要感谢贵校培养出了非常优秀的好老师，我儿子的班主任——亢笑梅老师！

孩子进入星河实验小学以来，亢老师的责任心始终感动着我们全家。我儿子是个懂事、有礼貌但学习自觉性比较差的孩子，亢老师从不放松对他的关心和教育，从而给他奠定了扎实的学习基础。孩子是住宿班的，亢老师为孩子所付出的心血，远远超出了父母。我从心底里感谢她！

最让我们感动的是，在孩子刚刚结束本学期的学校生活，准备开始假期生活的那天晚上9点多，我意外地接到了亢老师的电话。电话里，亢老师用高兴而欣慰的口吻告诉我："孩子这次语文考得不错！这次考试题比较难，他基础分几乎没怎么丢，很有潜力！我很高兴！家长好好鼓励一下孩子，借机给他鼓鼓劲，帮他安排好假期生活和学习。家长只是给他一些指导，不要紧盯着他，让他更好地做到自我管理。"这一席话让我和全家人心里暖融融的！老师把学生当成自己的孩子，为他的点滴进步而开心，为他的成长付出多少心血！有这样优秀负责的好老师，我深信孩子来到星河实验小学，走出他人生的第一步是幸运的、幸福的！

我代表我们全家，再次向贵校的校领导表示深深的敬意和感谢！向班主任亢老师表示感谢！还要感谢数学赵晓梅老师和其他学科任教老师，给我儿子带来的关爱和帮助！

最后，衷心地祝福星河实验小学越办越辉煌，也祝福星河的全体老师们：身体健康！万事如意！

金星班×××家长

5. 感谢信之五

尊敬的马校长：

我们是06金星班×××的家长，我们当初把孩子送到这所新建的学校，是出于对您个人魅力的敬仰和信任，同时也有些许担心。一学期下来我们庆幸我们当初的选择，也打消了全部的顾虑。

这学期是我们作为学生家长之后最为轻松的一学期，孩子在学校完成了全部学习任务，并且取得了优异的成绩，这一切都归功于我们班老师高超的教学水平和认真负责的教学态度。

我们不仅看到了孩子始终保持着好的考试成绩，还欣喜地发现了孩子潜在能力的提高。例如，有一天孩子回家之后把语文课上讲的十二个成语及其解释全部清楚准确地讲给我听，我非常高兴地表扬了他，但孩子却说是因为李老师讲得好所以才记住了。再如，苏老师始终把提高孩子们的数学思维能力放在首位。我们发现孩子在遇到一道新的难题时，已经能够抓住解题的要点，知道如何去分析了。我们经常听到孩子说这样一句话："我们苏老师是这样告诉我们的……"我们真是看在眼里喜在心上。

在此，我们对您及我们班的李老师和苏老师表示衷心的感谢！你们辛苦了！

金星班×××家长

6. 感谢信之六

敬爱的马校长：

您好！

在2008年教师节来临之际，在此谨向您及您带领的教师团队表示最诚挚的节日问候！

您以精湛的教学艺术、崇高的敬业精神、教育专家的态度正在带领着一支朝气蓬勃的教师队伍为孩子们搭建着通往他们人生辉煌的阶梯。

自从2007年建校以来，"星河实验小学"——这几个字相信无论是在校老师还是学生、家长，都对它有着一份特别的感受。正如星河实验小学校训上写的："博学、明德、强身、励志"，学校对每一位学生负责，使学生在德、智、体等方面得到全面发展。我们坚信星河实验小学正是朝着这个方向前行的。

作为2007年入学的一名学生家长，这一年来，感触尤深，我为孩子能进入这样的学校并且能有这样好的老师而骄傲。

我是07山鹰班×××的家长，说起山鹰班的王磊老师，从山鹰班孩子们快乐的表情，从孩子们稚嫩的话语中，都能透出他们是多么喜欢班主任王磊老师，无论是课上、课间还是课余时间，都能感受到王磊老师倾注在孩子们身上的关爱！

我儿子是个活泼好动的孩子，作为家长就担心他上课坐不住，不注意听讲，所以就经常向王老师询问孩子的情况。王老师每次都非常有耐心地和家长讲述孩子一天的表现，而且从教育方法和对孩子理解角度上给予家长很多指导。

自己的孩子自己最了解，但王老师从不向家长告状，他认为孩子的一切行为都是可以理解的，关键是老师怎样去引导孩子并使其健康地成长。

他这一年来的变化，我们感触很大。开始他是个上课爱讲话，下课调皮、不遵守纪律的学生，做起作业磨磨蹭蹭的，对学习没有足够的热情。但他有心里话特别愿意和王老师说，每次说起班主任王老师，他的眼神都不一样，透着亲近和喜爱！我们不知道王老师在课余和他谈过多少次心，但我们感受到了孩子明显的变化。从一年级的下半学期开始，不仅是语文课，还有数学课、英语课的老师都说他有了非常明显的进步，我们为此感到非常欣慰。至今我们仍非常深刻地记得王老师的一句话："每个孩子都是非常优秀的，只要我们足够相信他，他会不断地给我们惊喜。"说得真好。

原来在王老师眼中的每个孩子都是那么可爱，那么纯真。有的孩子顽皮，有的孩子安静内向，王老师了然于心，每次放学和家长沟通都说得非常到位和具体。

从教育教学上，王老师也积极引导学生多读些课堂以外的古诗名篇，当家长听着孩子们背诵《笠翁对韵》等朗朗上口时，真的为孩子们能有这样的好老师而欣慰。

不管是寒假还是暑假，王老师经常发短信关心孩子，叮嘱孩子要做的事，尽管他自己还在休假当中，但他的心中仍然记挂着孩子们。

要说的还有很多很多，这在王老师看来也许没什么，但就是这细致入微的教育方式，也许就影响了孩子的一生。

另外，我们还想对山鹰班的数学张老师和现任英语王老师表示特别的问候，因为孩子们都非常喜欢你们！

最后，诚心诚意地向马校长提一个入情不入理的请求：希望这三位老师能伴随07山鹰班走过他们6年珍贵的童年生活！在此表示深深的感谢！

相信星河实验小学会在马校长独到的教育思想和科学育人的理念带领下，用老师们辛劳的汗水和智慧编织出无数耀眼的光环。

一支粉笔书写着您人生的轨迹；两鬓染霜谱成您人生绚丽的乐章；三尺讲台留下您人生的灿烂和辉煌！

在这特别的日子里谨向您致以诚心诚意的问候。一天天的太阳升起又降落，一届届学生走来又走过，不变的是您深沉的爱和灿烂的笑容！

今天的太阳为你们升起，今天的鲜花为你们怒放，今天的赞歌为你们高唱，今天的雄鹰为你们展翅飞翔！

致礼！

山鹰班×××家长

7. 感谢信之七

尊敬的马校长：

您好！

北京市大部分的小学新生报到都在9月1日之前，早的有的在8月28日，有的在8月31日，我们什么时候开学呀？开学前，我们家长和孩子都一直盼望着开学……

终于盼到了9月1日这一天，我们准时到了学校，看到的景象是家长比学生多。好容易走近门口，我们把孩子交给了老师，交给了学校。

此时此刻，我的心情是十分激动的，但不免还有些担心。突然，我看到了您，站在校门口，用欣赏的眼光打量着每一个孩子。

我不知道其他学校的校长是不是在新生开学的第一天也站在校门口迎接孩子，但是我看到了星河实验小学的校长站在门口迎接孩子们！

那一刻，我很感动，刚才的担心也无影无踪了。

孩子上学了，家长放心了。这让我们一整天忙碌紧张的工作踏实而有序。

放学了，我依然看到您站在门口欢送孩子们，孩子们一个个兴高采烈，一个个跟老师说再见。

看到这景象，真是体会到了“上学真福乐”，孩子们开心，家长放心，但是辛苦了老师们。听孩子回家说，老师为了准备开学，天天加班。

从开学前的短信提醒，到开学后的短信关心，无不体现了老师无私的奉献，无不体现了老师对孩子的关爱！

开学第一天，09 金星班有个小女孩，家长没及时来接，哭了起来，他们班的王雪老师，简直比孩子还着急，一直安慰她：“别急，老师现在就给你妈妈打电话。”

我的孩子就在 09 金星班，看到他们班的老师这么负责任，心里十分感动。

在星河实验小学上学，真是快乐而又幸福！

教师节即将来临，提前祝老师节日快乐，桃李满天下！

金星班 ××× 家长

8. 感谢信之八

尊敬的马校长：

您好！

我的孩子是 09 彩霞班的一员，但是由于身体原因从去年 12 月份就在家休养，这期间班主任李娜老师经常发信息或打电话询问孩子的身体情况，遇有天气变化还会提醒我注意孩子的身体，让我感到特别欣慰。还有数学李雪京老师，在孩子去上学时她还利用课余时间为他补落下的课程，真是太负责了。孩子能有这样的老师关心照顾，我真的很放心。

在这里表示衷心的感谢，感谢你们对孩子无微不至地关心和爱护！

彩霞班 ××× 妈妈

附　录

附录1　马芯兰工作简历

时　间	工作单位	职　务
1966 年 7 月—1988 年 6 月	北京市朝阳区幸福村第一小学	教师
1988 年 6 月—1993 年 9 月	北京市朝阳区幸福村中心小学	副校长
1993 年 9 月—1997 年 12 月	北京市朝阳区幸福村中心小学	书记兼副校长
1997 年 12 月—2006 年 11 月	北京市朝阳区实验小学	校长兼书记
2006 年 11 月—2007 年 5 月	北京市朝阳区实验小学	党支部书记
2007 年 5 月至今	北京市朝阳区星河实验小学	校长兼书记

附录2 马芯兰的主要科研成果

（一）个人论著

名称	主要合作者	出版社	出版年份	备注
观察阅读与小学生作文		北京科学技术出版社	2006 年	北京哲学社会科学“九五”规划重点课题“发展形象思维的理论研究与教学实验”科研成果之一
小学生创造性学习教学法		北京科学技术出版社	2002 年	北京哲学社会科学“九五”规划重点课题“发展形象思维的理论研究与教学实验”科研成果之一
马芯兰小学数学能力的培养与实践	温寒江	山东教育出版社	2000 年	全国著名特级教师教学艺术与研究丛书
马芯兰数学教学法推广实验		华夏出版社	1994 年	
小学数学学习指导		中国华侨出版社	1994 年	《特级教师指导学生丛书》上下册
小学数学应用题教学中能力的培养		光明日报出版社	1988 年	《北京教育丛书》上下册
小学数学教学改革尝试		福建教育出版社	1988 年	四册

（二）个人学术论文

序　号	文章题目	期刊名称	期　号
1	知识就像一棵树	小学青年教师	2005/05
2	谈培养小学生创造性学习能力	北京教育	1999/07
3	怎样教两步应用题	北京教育	1998/05
4	加强训练，提高数学能力	北京教育	1997/Z1
5	架起由基本概念到解答应用题的桥梁	北京教育	1997/09
6	正确解题思路的形成来源于概念的正确建立	北京教育	1997/05
7	重视最基本概念的教学	湖南教育	1996/06
8	培养学生的数学概括能力	湖南教育	1996/01
9	构建新的知识结构　培养学生思维能力	人民教育	1995/05
10	训练是培养和提高学生数学能力的重要手段（一）	北京教育	1995/04
11	训练是培养和提高学生数学能力的重要手段（二）	北京教育	1995/05
12	脚踏实地干实事	北京教育	1994/Z1
13	运用渗透法教学小学数学的尝试	云南教育（基础教育版）	1985/11
14	培养发散思维　改革应用题教学	云南教育（基础教育版）	1985/12
15	抓住智力与非智力因素的辩证关系，改革小学数学教学	心理发展与教育	1985/02
16	我怎样上小学数学课	人民教育	1984/08

附录3　马芯兰科研成果获得的奖项

序　号	成果名称	获奖名称	获奖时间
1	小学生创造性学习教学法	第三届全国教育科学研究优秀成果奖	2006 年
2	《校园网络环境下学生合作学习方式的研究与思考》	全国教育科学规划课题研究成果	2006 年
3	《小学数学教学与创新能力培养——马芯兰教学法的研究与实践》	北京市哲学社会科学“十五”规划重点课题研究成果	2006 年
4	《观察·阅读与小学生作文》	北京市哲学社会科学“十五”规划重点课题研究成果	2006 年
5	马芯兰数学教学法推广实验研究	第四届科研成果单项奖	2002 年
6	马芯兰数学教学实验研究	北京市首届基础教育教学成果特等奖	2001 年
7	《小学数学能力的培养与实践》	“九五”国家重点图书	2000 年
8	《谈培养小学生创造性学习能力》	“开发大脑潜能，发展形象思维”征文一等奖	1999 年

附录 4 马芯兰获得的荣誉称号

序 号	获奖时间	荣誉称号
1	1982 年	北京市三八红旗手
2	1983 年	北京市少儿先进工作者
3	1983 年	北京市优秀班主任
4	1983 年	北京市优秀教育工作者
5	1983 年	全国少儿先进工作者
6	1984 年	北京市特等劳动模范
7	1985 年	全国五一劳动奖章
8	1985 年	全国优秀教育工作者
9	1986 年	小学特级教师
10	1988 年	北京市有突出贡献的专家
11	1991 年	享受国务院津贴的有突出贡献的专家
12	1992 年	全国巾帼建功标兵
13	1992 年	中共十四大代表
14	1993 年	北京市共产党员十杰
15	1993 年	北京市人民教师十佳
16	1994 年	全国中小学中青年教师十杰
17	1995 年	全国劳动模范
18	1997 年	首都精神文明奖章
19	1997 年	朝阳区政府金奖
20	2000 年	北京市优秀共产党员
21	2001 年	北京市首届基础教育教学成果特等奖
22	2002 年	中共十六大代表
23	2003 年	朝阳区政府先进党员
24	2004 年	朝阳区拔尖人才
25	2005 年	首届首都杰出人才提名奖

附录5　马芯兰语录

教育教学篇

要用一生去备一节课。

知识就像一棵树，是有内在联系的一个有机整体。

教学方法是一种艺术，有一定的规律，但不是一个模子刻出来的，而且每个班每个学生都是不一样的。

教学中任何生搬硬套，都是不成的；如果照搬教材，不会取得好成绩。

说话要说到孩子的心里头。

要会玩，玩的时候就玩痛快了；要会学，学的时候就学踏实了。

教师心理必须清楚自己要教什么，研究什么，否则再漂亮的画面，也只不过像衣帽一样，很难让学生感受出数学之美。

讲一节好课很容易，但是一节好课，并不能培养出一个好学生。

教师一定要潜下心来认真地看书、钻研教材，否则再怎么听教育大家的这样谈、那样谈，也无济于事。

一辈子做好一件事，就是当好一位老师。

教育是极其谨慎、细微的事情，需要教育工作者有较高的素养和高尚的精神世界。

教育激情能够成就美丽人生。

教育工作就是要靠一种执着精神，去一板一眼地做到底，来不得半点虚伪和骄傲。

教育的创新就是如何使孩子越来越聪明，更好地适应社会。

学校教育就是要让学生树立一种追求：学习乐在其中。

选择了一种职业就是选择了一种生活。

单纯地复制一所学校对于我来说没有什么意义。

学生篇

自小学阶段，除了有一定的基础外，要给孩子一种兴趣。

孩子是我的命根子。

大人可以晒，孩子不能晒。

老师对孩子的爱，体现在一点一滴上。

给学生指出一条路来，让他养成一种好的习惯。

学生所有的问题，都是老师自己的问题。

孩子们遇到的困难和不足，帮助他们克服困难——他们的困难就是我的问题。

只有激励孩子无拘无束地往前跑，他们才能越学越明白，越来越进步。

成长篇

人生活中最核心的支撑点是什么？是心态。

为了人生大目标，工作中我们要少一点胆怯，多一点勇气，少一点自卑，多一点自信。

正确地设定一个目标，认真地感受过程，平静地对待成绩，坦然地面对失败。

每个人人生之路本是前面没有路，因为每个人各自只有自己的一条路，这条路只有自己去走，也只能自己去走。

厚积薄发，才能有力量。

有多大的本事，我们就搭多大的舞台。

寂寞会使人更加美丽。

先学做事，后学做人，因为德是业之本。

年轻人要傻干十年，要十年傻干。

方法总比困难多。

拉开弓，青春就在此刻拉开的弓弦上。青春能够射雕，但也会转瞬即逝。

成功贵在持之以恒。

从大事着眼，小处着手，从一点一滴做起。

多困难的事情，只要一咬牙就过来了。

奋斗篇

给自己一个目标，让生命燃烧。

一生都在追求完美。

老师就像一杯茶，慢慢就品出味道来了。

教师不是演员，老师要充当导演角色。

就跟成材的树木一样，如果一年两年就成材，那是劈柴，要十年几十年成材，那就是真材。我们教育事业，我们的老师，成材的时间当然越短越好，但是他需要一定的厚实的积累。

无私才能无畏。

我很少想我今年多大了，我的头脑里只考虑我明天要做什么。

每个成功的人风光无限的背后，都藏着等值的艰辛，做成任何一件事情，都要付出相应的代价。

人是哭着来到这个世界的，难道不能换个方式离开！

我们习惯把发现自己的渺小之处作为一种谦逊的美德，其实善于寻找知己的伟大之处才是弥足珍贵的人生态度。

从起跑线上起跑的人才不会输。

把终点的目标看作你的起点。

只有今天脚踏实地，明天才有坚实的基础；只有今天奋斗不息，明天才有欣慰和希望；只有今天问心无愧，明天才不会后悔；只有今天与时俱进，开拓创新，明天才有信心，才有朝阳。

珍惜今天，干好今天，充实今天，丰富今天，汗水流在今天，智慧用在今天，把爱留在今天，把情倾注在今天，让歌声唱响今天，欢乐镶在今天。

我们要善于工作，乐于工作，享受工作，在工作中彰显美丽人生。

漫漫人生路关键就几步，要做有心人机遇要抓住。

做一个真正的人，为了党和人民的事业求真、求实、永远拼搏。

一个没有读书习惯的学生是缺乏获取知识能力的人，这影响他的潜能的开发；一个不重视读书的家庭是文化内涵浅薄的家庭；一个不重视读书的学校是令人窒息的学校；一个不重视读书的民族是一个没有前途的民族。

成功是，努力做最好的自己。做一个诚信的人，做一个有务实精神的人。

成功是，始终沿着自己选择的道路，做一个快乐的、永远追逐兴趣并能发掘出自身潜能的人。

附录6 研究马芯兰教育教学思想的学术文章及论著

序 号	文章题目	作 者	期刊/出版社	发表时间
1	故事里有你的梦想：18 位名师的精神档案	雷玲	华东师范大学出版社	2007/03
2	小学数学教学与创新能力培养——“马芯兰教学法”的研究与实践（北京市哲学社会科学“十五”规划重点课题研究成果）	温寒江、陈丽华、魏淑娟	北京科学技术出版社	2006/01
3	切实推广教改经验 大面积提高教学质量——来自《马芯兰数学教学法推广实验研究》的报告	陶晓芳	《中国教育学刊》	2002/02
4	现代教师的追求——马芯兰数学教学实验的启示	马芯兰经验编写小组	《北京教育》	1999/09
5	学习马芯兰教改经验 在数学教学中实施素质教育	张玉兰	《北京教育》	1999/04
6	学习马芯兰教改经验 深化教学改革 推进素质教育	北京教育科学研究院基础教育教学研究中心	《北京教育》	1999/03
7	关于进一步扩大推广马芯兰教改经验实验工作的意见	李洪飞	《北京教育》	1999/03
8	学习马芯兰教学改革经验是落实素质教育的有效途径	徐百合	《北京教育》	1998/03
9	浅谈小学低年级应用题教学——学习马芯兰数学教改经验有感	陈立华	《北京教育》	1997/11
10	注重对学生学法的培养——实施马芯兰数学教学实验体会	刘桂华	《北京教育》	1997/10
11	学习马芯兰的先进教学思想 深化学科教学改革	李观政	《北京教育》	1996/Z1

续表

序　号	文章题目	作　者	期刊/出版社	发表时间
12	学习马芯兰教学思想　积极投身于教学改革		《人民教育》	1995/05
13	谈马芯兰教改经验的特色	陶晓芳	《北京教育》	1995/Z1
14	大力推广马芯兰的教改经验		《北京教育》	1995/04
15	马芯兰	闻言	《教师博览》	1994/08
16	北京市开展向马芯兰张明珠同志学习活动		《人民教育》	1994/10
17	市委教育工委　市政府文教办　市教育局　市教育工会联合发出通知开展向马芯兰张明珠同志学习活动	陈生	《北京教育》	1994/12
18	站在数学教学改革的前沿——访马芯兰	王立新	《师范教育》	1993/Z1
19	谈马芯兰的小学数学教学改革经验	温寒江	《人民教育》	1992/05
20	马芯兰的四性教学法	谢至平	《湖南教育》	1987/09
21	《马芯兰小学数学教学改革尝试》		《天津教育》	1987/Z1
22	锐意改革，提高教学质量——马芯兰改革小学数学教学经验简介		《教育评论》	1985/S3
23	减轻学生负担，提高教学质量的根本出路在于改革——学习马芯兰教改经验的体会	吴靖声	《江苏教育》	1985/15
24	向马芯兰老师学习的体会	陈文志	《江苏教育》	1985/15
25	培养学生的思维品质——马芯兰数学教学法的剖析	林崇德	《人民教育》	1984/10

附录7　相关媒体对马芯兰的专题报道

序　号	报道标题	媒　体	发表时间
1	关注中小学生减负之七："马芯兰"的减负实践	《中国教育报》	2013年4月12日
2	北京星河实验学校：教育家办学——记北京朝阳区星河实验学校和著名教育家马芯兰校长	人民网	2010年7月22日
3	马芯兰应邀做客人民网访谈	人民网	2010年5月24日
4	马芯兰：旗帜的内涵和魅力	人民网（北京频道）	2010年4月30日
5	创造神奇的良师——马芯兰	北京电视台《人才》栏目	2010年5月22日
6	执着一生的教育情结——星河实验小学校长马芯兰	搜狐教育	2009年9月7日
7	用生命拥抱教育——记马芯兰和她的星河实验小学	《人民教育》	2008年第22期
8	与北京市朝阳区星河实验小学校长马芯兰一席谈	《现代教育报》	2008年2月4日
9	马芯兰：我教的孩子不怕考试	京报网	2006年5月24日
10	一任霜华染鬓秋　换得桃李尽芬芳——访朝阳区实验小学校长马芯兰	《风范》	2006年5月
11	创新与人才·马芯兰：开创小学数学教学法	《北京娱乐信报》	2006年4月18日
12	无私才能无畏——记全国劳模、朝阳区实验小学校长马芯兰	北京市教育工会网站	2006年4月12日
13	马芯兰：妈妈老师	《北京考试报》	2005年9月12日
14	"妈妈老师"马芯兰素描	《现代教育报》	2005年7月28日

续表

序号	报道标题	媒体	发表时间
15	妈妈老师马芯兰	《中国教育报》	2005年2月28日
16	坚持教育创新　加强队伍建设——访十六大代表、朝阳区实验小学校长马芯兰	《北京教育》	2003年第3期
17	马芯兰：香飘教苑一幽兰	《中国妇女报》	2002年11月8日
18	甘为红烛照人寰——访十六大代表、北京朝阳区实验小学校长马芯兰	人民日报社《时代潮》	2002年第21期

出 版 人　所广一
项目统筹　闫　景　谭文明
责任编辑　闫　景　杨建伟
版式设计　贾艳凤
责任校对　贾静芳
责任印制　曲凤玲

图书在版编目（CIP）数据

以人为本奠基师生发展：马芯兰人本教育思想研究/郝保伟著. —北京：教育科学出版社，2015. 1
（特级教师研究书系/鱼霞主编）
ISBN 978－7－5041－8610－2

Ⅰ. ①以…　Ⅱ. ①郝…　Ⅲ. ①马芯兰－教育思想－研究　Ⅳ. ①G40－092. 7

中国版本图书馆 CIP 数据核字（2014）第 106383 号

特级教师研究书系
以人为本奠基师生发展——马芯兰人本教育思想研究
YIREN－WEIBEN DIANJI SHISHENG FAZHAN——MA XINLAN RENBEN JIAOYU SIXIANG YANJIU

出版发行	教育科学出版社		
社　　址	北京·朝阳区安慧北里安园甲 9 号	**市场部电话**	010－64989009
邮　　编	100101	**编辑部电话**	010－64989593
传　　真	010－64891796	**网　　址**	http://www.esph.com.cn
经　　销	各地新华书店		
制　　作	北京京鲁创业科贸有限公司		
印　　刷	保定市中画美凯印刷有限公司		
开　　本	169 毫米×239 毫米　16 开	**版　　次**	2015 年 1 月第 1 版
印　　张	11	**印　　次**	2015 年 1 月第 1 次印刷
字　　数	136 千	**定　　价**	28. 00 元